Erbschaftssteuergesetz

auf Grundlage

der Zweiten Steuer-Notverordnung
vom 19. Dezember 1923.

Textausgabe mit Anmerkungen

von

Dr. Herbert Schachian,
Rechtsanwalt und Notar in Berlin.

Berlin und Leipzig 1924

Walter de Gruyter & Co.
vormals G. J. Göschen'sche Verlagshandlung / J. Guttentag, Verlagsbuchhandlung / Georg Reimer / Karl J. Trübner / Veit & Comp.

Vorwort.

Das Erbschaftssteuergesetz hat durch die Zweite Steuer-Notverordnung vom 19. Dezember 1923 (RGBl. I S. 1205 ff.) Artikel III in zahlreichen Punkten eine Änderung erfahren. Der Zweck der Zweiten Steuer-Notverordnung, die Reichssteuern auf Goldbasis zu stellen, brachte bei der Erbschaftssteuer ebenso wie bei den übrigen Reichssteuern auch in materieller Hinsicht eine Überprüfung und Änderungen des Gesetzes mit sich. Nachdem das Erbschaftssteuergesetz vom 10. September 1919 (RGBl. S. 1543) auf Grund des Gesetzes zur Änderung des Erbschaftssteuergesetzes vom 20. Juli/7. August 1922 (RGBl. 1 S. 610, 695) geändert und neu gefaßt worden ist, hat es weitere Abänderungen erfahren durch das Gesetz über die Berücksichtigung der Geldentwertung in den Steuergesetzen vom 20. März 1923 (RGBl. I S. 198) und durch die Verordnung über die Besteuerung von ausländischen Vermögen und Einkommen vom 16. Februar 1923 (RGBl. I S. 145). Eine amtliche Neuredaktion des Textes des Erbschaftssteuergesetzes ist weder nach Maßgabe der letztgenannten Vorschriften noch auf der Grundlage der Zweiten Steuer-Notverordnung vom 19. Dezember 1923 erfolgt, noch steht sie zu erwarten. Ein unabweisbares Bedürfnis der Praxis besteht daher, den zurzeit geltenden Text des Erbschaftssteuergesetzes zu redigieren und wiederzugeben. Diesem Bedürfnis dient die vorliegende Ausgabe. Eine amtliche Tabelle zur Berechnung der Erbschaftssteuer nach dem neuen Goldtarif ist dem Text vorangestellt. Anmerkungen, unter möglichst vollständiger Berücksichtigung auch amtlich nicht veröffentlichter Entscheidungen des Reichsfinanzhofs, sollen die Anwendung des Gesetzes erleichtern helfen. Knappe Fassung, Beschränkung auf das Wesentliche, aber Hervorhebung systematischer Fragen entspricht dem Zweck der Ausgabe.

Es bestand ursprünglich die Absicht, den im gleichen Verlage erschienenen umfangreichen Kommentar des Verfassers zum Erbschaftssteuergesetz in zweiter Auflage erscheinen zu lassen. Die sprunghafte Entwickelung der Steuergesetzgebung zwingt, diesen Plan vorerst zu vertagen. Herr Geh. Justizrat Dr. Eugen Fuchs, welcher den Erbschaftssteuerkommentar des Verfassers bei seinem Erscheinen mit Worten gütiger Anerkennung begrüßt hat (Jur. Woch. 1921 S. 1057), gab die Anregung, für die Bedürfnisse der Praxis zunächst den geltenden Text des Erbschaftssteuergesetzes zusammenzustellen und knapp zu erläutern. Nachdem in den letzten Wochen Eugen Fuchs der deutschen Rechtswissenschaft durch den Tod entrissen ist, möge dem Andenken des verehrten Lehrers und Freundes dieses Buch gewidmet sein.

Für die wertvolle Unterstützung, welche Herr Ministerialamtmann Wurzel vom Reichsfinanzministerium bei der Herstellung der Ausgabe gewährt hat, spricht der Verfasser auch an dieser Stelle seinen besten Dank aus.

Berlin, im Januar 1924.

Dr. Herbert Schachian.

Inhaltsverzeichnis.

Abkürzungen.

AO. . . . . Reichsabgabenordnung vom 13. Dezember 1919 (RGBl. S. 1993).

ErbSt. . . . . . Erbschaftssteuer.

FA. . . . . Finanzamt.

Jb. . . . . Jahrbuch des Steuerrechts von Dr. Koppe, Berlin.

JW. . . . . Juristische Wochenschrift.

K. . . . . Schachian, Kommentar zum Erbschaftssteuergesetz. (Vereinigung wissenschaftlicher Verleger, 1921.)

LFA. . . . . . . Landesfinanzamt.

Mirre . . . . . . Mirre, Erbschaftssteuergesetz. 2. Auflage. 1923.

NV. . . . . Zweite Steuer-Notverordnung vom 19. Dezember 1923 (RGBl. I S. 1205).

RFBl. . . . . . . Amtsblatt der Reichsfinanzverwaltung.

RFH. . . . . . . Entscheidung des Reichsfinanzhofs (z. B. RFH. 7 35 = Band 7 S. 35 der Amtlichen Sammlung der Entscheidungen und Gutachten des RFH.).

RFM. . . . . . . Reichsminister der Finanzen.

RGBl. . . . . . Reichsgesetzblatt.

RMBl. . . . . . Reichsministerialblatt.

RStBl. . . . . . Reichssteuerblatt.

RZBl. . . . . . . Zentralblatt für das Deutsche Reich (jetzt RMBl.).

Erbschaftssteuertabelle.

(Vergl. § 10)

Anfall bis einschl. Goldmark	Steuerklasse				
	I	II	III	IV	V
	vom Hundert				
5 000	2	4	6	8	14
10 000	2,2	4,4	6,6	8,8	15,4
15 000	2,4	4,8	7,2	9,6	16,8
20 000	2,6	5,2	7,8	10,4	18,2
25 000	2,8	5,6	8,4	11,2	19,6
30 000	3	6	9	12	21
35 000	3,2	6,4	9,6	12,8	22,4
40 000	3,4	6,8	10,2	13,6	23,8
45 000	3,6	7,2	10,8	14,4	25,2
50 000	3,8	7,6	11,4	15,2	26,6
60 000	4	8	12	16	28
70 000	4,2	8,4	12,6	16,8	29,4
80 000	4,4	8,8	13,2	17,6	30,8
90 000	4,6	9,2	13,8	18,4	32,2
100 000	4,8	9,6	14,4	19,2	33,6
120 000	5	10	15	20	35
140 000	5,2	10,4	15,6	20,8	36,4
160 000	5,4	10,8	16,2	21,6	37,8
180 000	5,6	11,2	16,8	22,4	39,2
200 000	5,8	11,6	17,4	23,2	40,6

Anfall bis einschl. Goldmark	Steuerklasse				
	I	II	III	IV	V
	vom Hundert				
230 000	6	12	18	24	42
260 000	6,2	12,4	18,6	24,8	43,4
290 000	6,4	12,8	19,2	25,6	44,8
320 000	6,6	13,2	19,8	26,4	46,2
350 000	6,8	13,6	20,4	27,2	47,6
380 000	7	14	21	28	49
410 000	7,2	14,4	21,6	28,8	50,4
440 000	7,4	14,8	22,2	29,6	51,8
470 000	7,6	15,2	22,8	30,4	53,2
500 000	7,8	15,6	23,4	31,2	54,6
550 000	8	16	24	32	56
600 000	8,2	16,4	24,6	32,8	57,4
650 000	8,4	16,8	25,2	33,6	58,8
700 000	8,6	17,2	25,8	34,4	60,2
750 000	8,8	17,6	26,4	35,2	61,6
800 000	9	18	27	36	63
850 000	9,2	18,4	27,6	36,8	64,4
900 000	9,4	18,8	28,2	37,6	65,8
950 000	9,6	19,2	28,8	38,4	67,2
1 000 000	9,8	19,6	29,4	39,2	68,6
darüber	10	20	30	40	70

Erbschaftssteuergesetz.

Die Änderungen durch die Zweite Steuer-Notverordnung vom 19. Dezember 1923 (RGBl. I S. 1205) sind durch lateinische Schrift bezw. nautische Ziffern hervorgehoben.

I. Teil.

Steuerpflicht.

1. Gegenstand der Erbschaftssteuer.

§ 1.

(1) Der Erbschaftssteuer unterliegen:

1. der Erwerb von Todes wegen,[1] [2])
2. Schenkungen unter Lebenden,[1] [3])
3. Zweckzuwendungen.[1] [4])

(2) Soweit nichts Besonderes bestimmt ist,[5]) gelten die Vorschriften dieses Gesetzes über den Erwerb von Todes wegen auch für Schenkungen und Zweckzuwendungen, die Vorschriften über Schenkungen auch für Zweckzuwendungen unter Lebenden.[6])

1. § 1 zählt die Gegenstände der im Gesetz enthaltenen Besteuerung auf. Die Besteuerung des Erwerbes von Todes wegen betrifft die eigentliche Erbschaftssteuer. Sie ist die Erbanfallsteuer des Erbschaftssteuergesetzes vom 10. Sept. 1919 § 1 Ziff. 2 und nunmehr die einzige Erbschaftssteuer im engeren Sinne. Die Nachlaßsteuer jenes Gesetzes (§ 1 Ziff. 1 Ges. 1919) ist seit der Novelle vom 20. Juli/7. Aug. 1922 (RGBl. I S. 695) weggefallen. Die Steuer auf freigebige Zuwendungen unter Lebenden nach Ziff. 2 § 1, die frühere Schenkungssteuer, ist eine antizipierte Erbschaftssteuer, sie betrifft freigebige Zuwendungen unter Lebenden, weil diese wirtschaftlich das Entstehen einer Erbschaftssteuer sonst verhindern würden. Die Besteuerung der Zweckzuwendungen betrifft Vorgänge, welche systematisch teils unter die Erwerbe von Todes wegen, teils unter die freigebigen Zuwendungen unter Lebenden zu rechnen sind; es handelt sich um Zuwendungen zur Verwirklichung eines Zwecks durch eine Mittelsperson (Beschwerten) als Korrelat eines dem Beschwerten zukommenden Erwerbes von Todes wegen oder

einer solchen freigebigen Zuwendung unter Lebenden. Die gesetzlichen Begriffsbestimmungen der zu Ziff. 1 bis 3 in § 1 aufgezählten Vorgänge finden sich erschöpfend in den folgenden §§ 2 bis 4 des Gesetzes und sind bei diesen erläutert.

Wo im Ges. Begriffe des bürgerlichen Rechts für die Frage der Steuerpflicht verwertet werden, ist ihre Bedeutung und Tragweite nach den Vorschriften des BGB. zu beurteilen, soweit nicht das ErbStG. selbst Abweichendes bestimmt (RFH. 28. Febr. 1923 — VI A 13/23 —). — Bei ernstlich gemeintem Vergleich der Beteiligten, unter Umständen auch solchem zur Auslegung zweifelhafter Gesetzesvorschriften (RFH. **1** 24), ist die durch ihn herbeigeführte Rechtslage zu berücksichtigen (RFH. **1** 1 und **1** 28); vertragliche Änderung unbestrittener erbrechtlicher Verhältnisse ist kein die Steuerbehörde bindender Vergleich (RFH. **6** 341).

2. s. § 2. — **3.** s. § 3. — **4.** s. § 4.

5. z. B. § 12 Abs. 1 und § 18 Abs. 1.

6. Gilt nicht für erbschaftssteuerrechtliche Bestimmungen außerhalb des Ges., z. B. die Vergünstigung für die Sparprämienanleihe nach der Bekanntm. vom November 1919 (RFH. **5** 2), s. Anm. 38 a zu § 21.

§ 2.

(1) Als Erwerb von Todes wegen gilt

1. der Erwerb durch Erbanfall,[1]) durch Vermächtnis[2]) (§§ 2147 ff. des Bürgerlichen Gesetzbuchs) oder auf Grund eines geltend gemachten [3]) Pflichtteilsanspruchs;
2. der Erwerb auf Grund einer Nachfolge in ein Hausgut, Lehen, Fideikommiß oder Stammgut oder in ein sonstiges gebundenes Vermögen; [4])
3. der Erwerb durch Schenkung auf den Todesfall (§ 2301 des Bürgerlichen Gesetzbuchs) sowie jeder andere Erwerb, auf den die für Vermächtnisse geltenden Vorschriften des bürgerlichen Rechtes Anwendung finden; [5])
4. der Erwerb von Vermögensvorteilen, der auf Grund eines vom Erblasser geschlossenen Vertrags unter Lebenden von einem Dritten mit dem Tode des Erblassers unmittelbar gemacht wird.[6])

(2) Als vom Erblasser zugewendet gilt auch

1. der Übergang von Vermögen auf eine vom Erblasser angeordnete Stiftung; [7])
2. was jemand infolge Vollziehung einer vom Erblasser angeordneten Auflage oder infolge Erfüllung einer vom Erb-

lasser gesetzten Bedingung erwirbt, es sei denn, daß eine einheitliche Zweckzuwendung[8]) vorliegt;

3. was jemand dadurch erlangt, daß bei Genehmigung einer Zuwendung des Erblassers Leistungen an andere Personen angeordnet oder zur Erlangung der Genehmigung freiwillig übernommen werden;
4. was als Abfindung für einen Verzicht auf den entstandenen Pflichtteilsanspruch oder für die Ausschlagung einer Erbschaft oder eines Vermächtnisses von dritter Seite gewährt wird;
5. was als Entgelt für die Übertragung der Anwartschaft eines Nacherben gewährt wird.[9])

(3) Das Erlöschen von Leibrenten und anderen von dem Leben einer Person abhängigen Lasten gilt nicht als Erwerb von Todes wegen.[10])

1. Erbanfall ist grundsätzlich nach § 1942 BGB. der Übergang der Erbschaft auf den berufenen Erben, unbeschadet seines Rechts, sie auszuschlagen; gleichgültig ist für die Besteuerung, ob für den Erwerb deutsches bürgerliches Recht, Landesrecht oder ausländisches Recht maßgebend ist (RFH. 31. Mai 1922 — VI A 79/21 und 25. Okt. 1922 / 10. Jan. 1923 — VI A 199/22 —).

2. Absicht der Bereicherung nicht Erfordernis des Vermächtnisses (z. B. Vermächtnis, ein Grundstück zu bestimmtem Preise zu übernehmen; steuerpflichtige Bereicherung: Unterschied zwischen Wert und Gegenleistung) (RFH. 29. März 1922 — VI A 49/22 —).

3. „Geltend machen" = nicht verzichten; aus der Nichterhebung des Anspruchs ist noch nicht auf ein Nichtgeltendmachen zu schließen (RFH. 10. Mai 1922 — VI A 114/22 —).

4. s. hierzu § 6 und § 9 Abs. 2.

5. z. B. Voraus (§ 1932 BGB.).

6. z. B. Lebensversicherung. — Versichern sich zwei gemeinsam derart, daß Überlebender die Versicherungssumme erhält, dann hatte dieser schon zu Lebzeiten des anderen einen unentziehbaren Anspruch, die obigen Voraussetzungen sind also nicht gegeben (RFH. 17. Okt. 1923 — VI A 70/23 —).

7. Bezüge aus einer Stiftung, auch einer Familienstiftung, sind frei.

8. s. § 4.

9. Die Anwartschaft als solche ist nicht Gegenstand der ErbSt., § 12 Abs. 3; vergl. auch § 7 Abs. 2.

10. d. h. des bisher Belasteten von seiten des weggefallenen Berechtigten. Nicht berührt wird Anwendung von § 145 Abs. 3 AO., der Steuernachforderung im Steuerfall nach dem, der die Rente oder Last angeordnet hat, ermöglicht.

§ 3.

(1) Als Schenkung im Sinne des Gesetzes gilt

1. jede Schenkung im Sinne des bürgerlichen Rechtes;
2. jede andere freigebige [1]) Zuwendung unter Lebenden, soweit der Bedachte durch sie auf Kosten des Zuwendenden bereichert wird; [2]) [3])
3. was infolge Vollziehung einer von dem Schenker angeordneten Auflage oder infolge Erfüllung einer einem Rechtsgeschäft unter Lebenden beigefügten Bedingung ohne entsprechende Gegenleistung erlangt wird, es sei denn, daß eine einheitliche Zweckzuwendung [4]) vorliegt;
4. was jemand dadurch erlangt, daß bei Genehmigung einer Schenkung Leistungen an andere Personen angeordnet oder zur Erlangung der Genehmigung freiwillig übernommen werden;
5. was als Abfindung für einen Erbverzicht (§§ 2346, 2352 des Bürgerlichen Gesetzbuchs) gewährt wird;
6. was ein Vorerbe dem Nacherben mit Rücksicht auf die angeordnete Nacherbschaft vor ihrem Eintritt herausgibt; [5])
7. der Übergang von Vermögen auf Grund eines Stiftungsgeschäfts unter Lebenden; [6]) [7])
8. eine freigebige Zuwendung bei Auflösung eines Fideikommisses oder anderweitiger Aufhebung der Bindung von Vermögen; [7])
9. was bei Aufhebung einer Stiftung erworben wird.[7])

(2) Im Falle des Abs. 1 Nr. 6 ist der Versteuerung auf Antrag das Verhältnis des Nacherben zum Erblasser zugrunde zu legen.

(3) Gegenleistungen, die nicht in Geld veranschlagt werden können, werden bei der Feststellung, ob eine Bereicherung vorliegt, nicht berücksichtigt.

(4) Die Steuerpflicht einer Schenkung wird nicht dadurch ausgeschlossen, daß sie zur Belohnung [8]) oder unter einer Auflage [9]) gemacht oder in die Form eines lästigen Vertrags gekleidet wird.

(5) Ausstattungen,[10]) die Abkömmlingen zur Einrichtung eines den Vermögensverhältnissen und der Lebensstellung der Beteiligten angemessenen Haushalts [11]) gewährt werden, gelten nicht als Schenkung, sofern zur Zeit der Zuwendung ein Anlaß

zur Ausstattung gegeben ist und der Zweck der Zuwendung innerhalb zweier Jahre erfüllt wird. Ausstattungen, die über das angegebene Maß hinausgehen, sind insoweit steuerpflichtig.

1. Die freigebige Zuwendung ist der weitere Begriff, dem sich die in Ziff. 1 genannte Schenkung des bürgerlichen Rechts einordnet, indem letztere den Schenkungswillen (Empfangswillen) des Bereicherten voraussetzt. Besteuert wird die Bereicherung durch freigebige Zuwendungen unter Lebenden. Begrifflich s. K. Vorbem. § 40. — Freigebig = freiwillig und unentgeltlich. Zuwendung = jede erlaubte Handlung, durch die jemand einem anderen absichtlich einen Vermögensvorteil verschafft (RFH. **9** 9); wegen unerlaubter Handlung s. RFH. **3** 173.

2. Keine Bereicherungsabsicht, keine Einigung über Unentgeltlichkeit erforderlich. — Erfüllung gesetzlicher oder vertraglicher Verpflichtung, satzungsgemäße Verteilung von Stiftungserträgnissen und dergl. entbehrt der Freigebigkeit (RFH. 8. März 1922 — VI A 49/21 —, JW. 1066). — Bei Prüfung der Unentgeltlichkeit sind alle (nicht bloß die beurkundeten) Gegenleistungen in Betracht zu ziehen; Mißverhältnis zwischen Leistung und Gegenleistung rechtfertigt nicht ohne weiteres Annahme eines sog. gemischten Geschäfts (RFH. **7** 192). Über gemischte Schenkungen vergl. auch Anm. 2 zu § 18. — Bei Abwägung des Werts von Leistung und Gegenleistung ist die subjektive Wertschätzung des Leistenden maßgebend (RFH. 13. Jan. 1923 — VI A 7/23 —). — Über Hypothekenübernahme bei Grundstücksschenkung RFH. **3** 303. — Vereinbarung ehelicher Gütergemeinschaft ist regelmäßig dann keine Schenkung, wenn sie zur Zeit der Eheschließung erfolgt; wenn sie dagegen erst mit Rücksicht auf die beim Ableben eines Ehegatten entstehenden Verhältnisse erfolgt, so können nur besondere Umstände die Annahme einer Schenkung ausschließen (RFH. **9** 9). — Zinszahlungen auf erst versprochenes Kapital sind selbständige Schenkungen (RFH. **9** 31). — Schenkungen in Rechtsakten zu Gesellschaftsgründungen und Kapitalerhöhungen s. RFH. 16. März 1922 — VI A 32/22 —, JW. 946; RFH. **11** 112; regelmäßig keine Schenkungen vorliegend; offene Handelsgesellschaft als Beschenkte s. RFH. **7** 192 und **11** 112; Aufnahme in offene Handelsgesellschaft ohne Gegenleistung s. RFH. **12** 57. — Übereignung an Treuhänder s. RFH. **6** 62, durch Treuhänder **1** 197. — Beiträge an Vereine, die nicht lediglich die Förderung ihrer Mitglieder bezwecken, sind grundsätzlich freigebige Zuwendungen (RFH. 31. Jan. 1923 — VI A 6/23 —); Vergünstigung: § 24.

3. Beweispflichtig für das Vorliegen von Schenkung im Einzelfall ist die Steuerbehörde (RFH. **7** 192).

4. s. § 4.

5. Wert in der Regel nach dem Alter des Vorerben kapitalisierte Nutzung (RFH. **10** 153).

6. Errichtung durch Fideikommißauflösungsbehörde fällt nicht hierunter (RFH. **6** 292).

7. s. hierzu § 9 Abs. 2.

8. Voraussetzung, daß nicht nachträgliche Bewilligung oder Erhöhung eines Entgelts für geleistete Dienste, also Anspruchserfüllung vorliegt (RFH. 18. Nov. 1921 — Ia A 90/21). — Das Fehlen einer Abrede zwischen Hofbesitzer und Hofanwärter über die Vergütung von Diensten des letzteren schließt Annahme eines entgeltlichen später abzuschließenden Vertrags über diese Dienste und ihre Gegenleistung nicht aus (RFH. **12** 55). Zu beachten ist aber die Verpflichtung zu unentgeltlichen Diensten nach § 1617 BGB. — S. auch K. Anm. 7 § 40.

9. s. hierzu § 12 Abs. 8.

10. Ausstattung ist, auch wenn unter den Voraussetzungen des § 1624 BGB. gegeben, grundsätzlich freigebige Zuwendung (RFH. **6** 347). Sie ist nur steuerfrei, soweit sie den Erfordernissen des Abs. 5 Satz 1 genügt. Auch Hingabe von Geld, Wertpapieren usw. zur Beschaffung einer Ausstattung gilt als A. — **Aussteuer** an Tochter nach § 1620 BGB. ist niemals freigebige Zuwendung, da hierzu Rechtspflicht besteht (vergl. RFH. **9** 222).

11. Angemessen ist, was unter Zugrundelegung der verständigen Anschauung aller gerecht und billig Denkenden, nicht bloß der Standesgenossen der Beteiligten, als zur Lebensführung in dem Bevölkerungskreise, dem der Empfänger angehört, unter den herrschenden allgemeinen wirtschaftlichen Zeitverhältnissen als ausreichend gelten muß (RFH. **8** 60 und v. 27. Jan. 1922 — Ia A 205/21, Jb. 1922 S. 285 Nr. 64). — Es muß ein äußerer objektiver Anlaß zur Ausstattung gegeben sein. — Als zur Haushaltseinrichtung gegeben gilt unter Umständen auch Betrag zur Erweiterung und Erhaltung des Haushalts in bestimmten Grenzen (RFH. **9** 222); nicht zur Begründung einer Lebensstellung, zum Gutsankauf, als Zuschuß zu laufenden Kosten der Haushaltsführung und dergl. — Bei Zuwendung an Schwiegersohn spricht Vermutung für Zuwendung an die verheiratete Tochter (RFH. **4** 125, **12** 30).

§ 4.

Als Zweckzuwendung [1]) gilt

1. bei einer Zuwendung von Todes wegen
   a) eine der Zuwendung beigefügte Auflage zugunsten eines Zweckes,[2])
   b) eine Leistung zugunsten eines Zweckes, von der die Zuwendung abhängig gemacht ist,[3])

   soweit die Bereicherung des Erwerbers durch die Anordnung gemindert wird;

2. bei einer freigebigen Zuwendung unter Lebenden
   a) eine der Zuwendung beigefügte Auflage zugunsten eines Zweckes [2]) oder eine Leistung zugunsten eines Zweckes, von der die Zuwendung oder ein gegenseitiger Vertrag abhängig gemacht ist,[3])
   b) eine in einem entgeltlichen Vertrage vereinbarte Leistung zugunsten eines Zweckes,[4]) sofern das Entgelt nicht der Umsatzsteuer unterliegt.[5])

1. Der verselbständigt gedachte Zweck ist als bedacht anzusehen. Der Beschwerte ist wirtschaftlich nur Ausführender des Zweckes, indem er den Willen des Zuwendenden im Rahmen des Zweckes konkretisiert und zur Ausführung bringt. Eigentlicher Empfänger der Bereicherung ist derjenige, an den der Beschwerte in Erfüllung des Zweckes eine Zuteilung vornimmt. Steuerrechtlich jedoch wird wegen des vorwiegenden Charakters des Zweckes dieser als verselbständigt gedacht, und er genießt deshalb in gewissen Fällen steuerlich eine privilegierte Behandlung, und zwar gilt als Erwerb die Verpflichtung des Beschwerten. Ein solcher ist als Mittelsperson schon deshalb unentbehrlich, weil nach bürgerlichem Recht formell niemand ohne Erben verstirbt, so daß der Erbe in Fällen der Zweckzuwendung von Todes wegen alsdann die Rolle als Mittelsperson übernimmt zwecks Ausführung des vom Erblasser gesetzten Zweckes, letzterer meist in der bürgerlich-rechtlichen Form der Auflage ausgedrückt (K. Anm. 3 § 30), vergl. § 12, § 21 Nr. 19 b. — Zuwendung (Anm. 1 zu § 3) muß vorliegen, nicht bloße Absonderung eines Vermögensteils, über den der Hingebende direkt oder indirekt Verfügung behält; zivilrechtlich gültige Vermögensübertragung nicht nötig, Einräumung von Rechten zur Erfüllung des Zwecks und Übergabe des Betrags an Beschwerten genügt, „unselbständige Stiftung" (RFH. 26. Sept. 1922 — VI A 170/22 —, 12. Mai 1923 — VI A 19 und 43/23 —, **7** 177 und **10** 240). Gegenüber bloßer Geschäftsbesorgung durch Mittelsperson erfordert Zweckzuwendung regelmäßig längere Verwaltungstätigkeit (RFH. **11** 257). — Keine Zweckzuwendung, wenn die Zweckbestimmung bereits besteht und nur die Verwaltung in andere Hände übergeht (RFH. **11** 201); auch nicht, wenn Gesellschaft zu Ehren ihres Direktors ein besonderes Konto in ihren Büchern einrichtet, für das der Direktor lediglich den Verwendungszweck zu bestimmen hat (RFH. 24. Oktober 1923 — VI A 66/23 —). — Zuwendung an juristische Person zugunsten nur eines Teils der von ihr verfolgten Zwecke ist steuerrechtlich als Zweckzuwendung, nicht als Schenkung an die Rechtsperson zu behandeln (RFH. **1** 20). — Zuwendung an nicht rechtsfähigen Verein ist Zweckzuwendung = Auflage an die Mitglieder, den Betrag zu gedachtem Zweck zu verwenden (RFH. **1** 57 und **7** 324).

2. z. B. Zuwendung an die Stadt zur Verwendung für Arme. — Auflage der Verwendung der Zuwendung für bestimmte Personen steht der

Annahme einer einheitlichen Zweckzuwendung nicht entgegen, wenn mit der Zuwendung längere Verwaltungstätigkeit verbunden (RFH. **11** 257).

3. z. B. Errichtung eines Aussichtsturms durch eine Stadtgemeinde, da N. für diesen Fall eine Zuwendung (ohne Zweckbestimmung) gibt oder mit der Stadt einen Grundstückstausch vornimmt.

4. z. B. Vertrag des Zuwendenden N. mit Gebirgsverein B., wonach N. sich zur Zahlung von 20 000 ℳ, B. sich zur Ausbesserung eines Weges verpflichtet (RFH. 16. März 1922 — VI A 136/21 —).

5. z. B. Zahlung von 20 000 ℳ an einen Bauunternehmer mit dem Auftrag, einen Weg anzulegen; keine Zweckzuwendung, da die Ausführung reine Geschäftsbesorgung für den Auftraggeber und diese in der Regel umsatzsteuerpflichtig ist.

§ 5.

(1) Im Falle der Fortsetzung der ehelichen Gütergemeinschaft (§§ 1483 ff., 1557 des Bürgerlichen Gesetzbuchs, Artikel 200 des Einführungsgesetzes zum Bürgerlichen Gesetzbuch) [1]) wird der Anteil des verstorbenen Ehegatten am Gesamtgut so behandelt, wie wenn er ausschließlich den anteilsberechtigten Abkömmlingen angefallen wäre.

(2) Im Falle des Todes eines anteilsberechtigten Abkömmlings gehört dessen Anteil am Gesamtgut zu seinem Nachlaß[2]). Als Erwerber des Anteils gelten diejenigen, denen der Anteil nach § 1490 Satz 2 und 3 des Bürgerlichen Gesetzbuchs zufällt.

1. Hinweis auf Art. 200 EG.BGB. bedeutet, daß nicht nur dem Institut der fortgesetzten Gütergemeinschaft vollkommen gleiche landesrechtliche Verhältnisse dem § 5 unterliegen; Fortsetzung der ehelichen Gütergemeinschaft ist (§ 4 AO.) als Fortwirkung des ehelichen Güterrechts auszulegen. Güterrechtliche Rechtsfolgen sind den erbrechtlichen gleichzustellen, wenn sie diesen wirtschaftlich gleichstehen (RFH. 5. April 1922 — VI A 3/22 —).

2. Im Gegensatz zum § 1490 Satz 1 BGB. — Der in der fortgesetzten Gütergemeinschaft lebende Elternteil ist nach § 85 AO. verpflichtet, Auskünfte über den Anteil eines Abkömmlings am Gesamtgut zu geben (RFH. **11** 62).

§ 6.

Der Erwerber auf Grund einer Nachfolge in ein Hausgut, Lehen, Fideikommiß oder Stammgut oder in ein sonstiges gebundenes Vermögen wird als Nießbraucher behandelt.[1])

1. s. hierzu § 2 Abs. 1 Nr. 2 und § 9 Abs. 2. — Bei allmählicher Auflösung eines Fideikommisses auch der Inhaber, in dessen Hand das Vermögen frei wird (RFH. 6 292 [309]).

§ 7.

(1) Der Vorerbe gilt als Erbe.[1])

(2) Beim Eintritt des Falles der Nacherbfolge haben diejenigen, auf die das Vermögen übergeht,[2]) den Erwerb als vom Vorerben stammend zu versteuern. Auf Antrag [3]) ist der Versteuerung das Verhältnis des Nacherben zum Erblasser zugrunde zu legen.

(3) Tritt der Fall der Nacherbfolge nicht durch den Tod des Vorerben ein,[4]) so gilt die Vorerbfolge als auflösend bedingter, die Nacherbfolge als aufschiebend bedingter Anfall.[5]) In diesem Falle ist dem Nacherben die vom Vorerben entrichtete Steuer abzüglich desjenigen Steuerbetrags anzurechnen, welcher der tatsächlichen Bereicherung [6]) des Vorerben entspricht.

(4) Nachvermächtnisse und beim Tode des Beschwerten fällige Vermächtnisse stehen den Nacherbschaften gleich.

(5) Wenn bei einem bäuerlichen Anerbengute zunächst eine ungeteilte Erbengemeinschaft eintritt, so gilt als Erwerb für die einzelnen Erben der Erbanfall mit der Maßgabe, daß es so angesehen wird, als wenn die Erbauseinandersetzung zugleich mit diesem stattgefunden hätte.

1. Der Vorerbe wird also als Erblasser betrachtet in seinem Verhältnis zum Nacherben. Die Erbfolge wird sonach zweimal versteuert, einmal beim Tode des ursprünglichen Erblassers nach dem Verhältnisse vom Vorerben zu jenem und noch einmal beim Tode des Vorerben nach dem Verhältnis des Nacherben zu ihm. Ausnahme von dieser Regel der Fall des Abs. 3 (vergl. Anm. 4). Dem Nacherben ist nachgelassen, auf Antrag seiner Besteuerung sein Verhältnis zum ursprünglichen Erblasser zugrunde zu legen (vergl. Anm. 3).

2. Zwischenvererbung der Anwartschaft bleibt unberücksichtigt (§ 12 Abs. 3); wegen Veräußerung der Anwartschaft s. § 2 Abs. 2 Nr. 5; der Erwerber ist hier der, auf den „das Vermögen übergeht". Vorzeitige Herausgabe der Vorerbschaft ist Schenkung (vergl. § 3 Abs. 1 Ziff. 6).

3. Der Antrag bedarf keiner Begründung, und es ist ihm stets stattzugeben. Ohne Antrag darf das Verhältnis zum Erblasser nicht zugrunde gelegt werden. Eine Zurücknahme des Antrags nur mit Zustimmung des FA. zulässig, solange dieses nach der AO. § 73 ff. berechtigt ist, seine Entscheidung mit Zustimmung des Steuerpflichtigen zu ändern (a. M. Mirre, S. 41 Anm. 3, der den Antrag für nicht zurücknehmbar erklärt).

4. z. B. bei Wiederverheiratung, Erreichung eines bestimmten Lebensalters.

5. Aber erst beim Eintritt der Nacherbfolge; vorerst ist nach Abs. 1 Vorerbe als Substanzerbe zu besteuern und Nacherbe unberücksichtigt zu lassen. Beim Eintritt der Nacherbfolge wird in diesem Falle also nach dem ursprünglichen Erblasser neu versteuert.

6. Bei gewöhnlicher Vorerbschaft regelmäßig kapitalisierter Nießbrauch, bei befreiter Vorerbschaft häufig auch Substanzverbrauch, letzteres insbesondere bei Einsetzung des Nacherben auf den Überrest; vergl. BGB. §§ 2136, 2137.

2. Persönliche Steuerpflicht.

§ 8.

(1) Die Steuerpflicht tritt ein

I. für den gesamten Erbanfall,[1]) wenn der Erblasser zur Zeit seines Todes [2]) oder der Erwerber zur Zeit des Eintritts der Steuerpflicht [3]) ein Inländer ist.

Als Inländer gelten:

1. Deutsche,[4]) es sei denn, daß sie sich seit länger als zwei Jahren dauernd im Ausland aufgehalten haben, ohne einen Wohnsitz [5]) im Inlande zu haben, oder Auslandsdeutsche [6]) im Sinne des § 20 Abs. 1 Nr. 3 des Gesetzes gegen die Steuerflucht vom 26. Juli 1918 (Reichsgesetzbl. S. 951) sind. Diese Ausnahme findet keine Anwendung auf Reichs- oder Staatsbeamte und Militärpersonen, die im Ausland ihren dienstlichen Wohnsitz [5]) haben. Wahlkonsuln gelten nicht als Beamte im Sinne dieser Vorschrift;
2. Ausländer,[6a]) die im Deutschen Reiche einen Wohnsitz oder in Ermangelung eines solchen ihren dauernden Aufenthalt [7]) haben;
3. juristische Personen des öffentlichen und des bürgerlichen Rechtes, alle Berggewerkschaften, nichtrechtsfähige Personenvereinigungen, Anstalten, Stiftungen und andere Zweckvermögen, sofern sie den Sitz oder den Ort der Leitung im Inlande haben;

II. für den Erbanfall, soweit er in inländischem Grund- oder Betriebsvermögen, in einem Nutzungsrecht an einem solchen Vermögen oder in solchen Rechten besteht, deren Übertragung an eine Eintragung in inländische Bücher geknüpft ist,[8]) in allen anderen Fällen.[9])

(2) Soweit die Steuerpflicht im Auslande befindliche Grundstücke, Sachen, Forderungen gegen ausländische Schuldner oder Rechte, deren Übertragung an eine Eintragung in ausländische Bücher geknüpft ist, betrifft, ist auf Antrag die von dem ausländischen Staate aus Anlaß des Erbfalls erhobene Steuer bei Berechnung der Erbschaftssteuer als Nachlaßverbindlichkeit abzuziehen. Inwieweit statt dessen bei Gewährung der Gegenseitigkeit eine Anrechnung der ausländischen Steuer auf die inländische Steuer erfolgt, bestimmt der Reichsminister der Finanzen.[10])

(3) Ist im Falle des Abs. 1 I ein Teil des Vermögens der inländischen Besteuerung auf Grund von Staatsverträgen entzogen,[11]) so ist die Steuer nach dem Steuersatze zu erheben, der dem ganzen Erwerb entspricht.[12])

1. vergl. hierzu § 1 Abs. 2. — 2. Bei Verschollenen s. § 81 Abs. 5 AO.
3. § 18 Abs. 1.
4. Reichs- und Staatsangehörigkeitsges. v. 22. Juli 1913 (RGBl. S. 583).
5. § 62 AO. — 6. Begriff: RFH. 2 27.

6a. Ausländer sind alle Personen, die nicht im Sinne von I 1 Deutsche sind, also auch Staatenlose sind Ausländer.

7. § 63 AO. — 8. z. B. Hypotheken.

9. Art. III § 1 Nr. 1 NV. hat die bisher zwischen „Vermögen" und „oder" stehenden Worte „oder in im Inlande befindlichen Sachen, Forderungen gegen inländische Schuldner" beseitigt. Von einem ausländischen, im Auslande wohnenden Erblasser an einen Erben, der ebenfalls nicht Inländer nach Abs. 1 I ist, vererbte inländische Bankguthaben z. B. sind jetzt steuerfrei.

10. Entscheidung im Einzelfall auf besonderen Antrag: RFM. 30. Aug. 1922 — III V 6592 —.

11. Zurzeit bestehen Doppelbesteuerungsverträge hinsichtlich der ErbSt.: mit der Tschechoslowakei v. 18. März 1922 / 21. April 1923 (RGBl. 1923 II S. 69, 224); mit Deutsch-Österreich v. 28. Mai 1922 / 21. April 1923 (RGBl. 1923 II S. 69, 224); mit Griechenland (über Besteuerung des beweglichen Nachlaßvermögens) v. 1. Dez. 1910 / 18. Nov. 1910 (RGBl. 1912 S. 173), wieder in Kraft gesetzt durch Bek. v. 6. Febr. 1921 (RGBl. S. 149) und VO. v. 12. Juli 1923 (RGBl. I S. 634); gegenüber Danzig gilt VO. v. 19. Nov. 1923 (RGBl. II S. 427). — Gegenüber dem Saargebiet sind die FA. auf Grund des § 108 AO. ermächtigt, soweit als Erblasser, Schenker oder Erwerber Deutsche, die lediglich im Saargebiet Wohnsitz oder dauernden Aufenthalt haben, in Betracht kommen, die Steuer wie bei Ausländern zu berechnen und saarländische Grundstücke unberücksichtigt zu lassen (RFM. 14. Mai 1921 — III a 2602 —).

12. Ausnahme von § 10 Abs. 4.

§ 9.

(1) Die Erbschaftssteuer wird nach dem persönlichen Verhältnis des Erwerbers zu dem Erblasser in folgenden 5 Klassen erhoben:

I. Klasse:

1. Der Ehegatte und die Kinder des Erblassers einschließlich der Stiefkinder und der an Kindes Statt angenommenen Personen, ferner diejenigen Kinder, welchen die rechtliche Stellung ehelicher Kinder zukommt, sowie die eingekindschafteten [1]) Kinder, sofern diesen die rechtliche Stellung ehelicher Kinder zukommt.

Der Erwerb des Ehegatten unterliegt der Steuer jedoch nur dann, wenn der Altersunterschied zwischen den Ehegatten mehr als zwanzig Jahre beträgt und die Ehe noch nicht fünf Jahre bestanden hat.

2. Die vom Vater anerkannten unehelichen Kinder.

II. Klasse:

Die Abkömmlinge der zu I bezeichneten Kinder einschließlich der Abkömmlinge der in I Nr. 2 genannten Art [2]) sowie der Abkömmlinge der an Kindes Statt angenommenen Personen, auf welche sich die Annahme an Kindes Statt erstreckt.

III. Klasse:

1. Die Eltern und Stiefeltern,
2. die voll- und halbbürtigen Geschwister.

IV. Klasse:

1. Die Großeltern und die entfernteren Voreltern,
2. die Abkömmlinge ersten Grades von Geschwistern,
3. die Schwiegereltern,
4. die Schwiegerkinder.[3])

V. Klasse:

Alle übrigen Erwerber [4]) und die Zweckzuwendungen, soweit nichts anderes vorgeschrieben ist.

(2) Im Falle des § 2 Abs. 1 Nr. 2 gilt als Erblasser, in den Fällen des § 3 Abs. 1 Nr. 8 und 9 als Schenker der zuletzt Berechtigte;[5]) im Falle des § 2 Abs. 2 Nr. 1 und § 3 Abs. 1 Nr. 7 ist der Besteuerung das Verwandtschaftsverhältnis des Erblassers oder Schenkers zu dem nach der Stiftungsurkunde entferntest Berechtigten zugrunde zu legen, sofern die Stiftung

wesentlich im Interesse einer Familie oder bestimmter Familien gemacht ist.[6])

(3) Im Falle des § 2269 des Bürgerlichen Gesetzbuchs und soweit der überlebende Ehegatte an die Verfügung gebunden ist, sind die mit dem verstorbenen Ehegatten näher verwandten Erben und Vermächtnisnehmer als seine Erben anzusehen, soweit sein Vermögen beim Tode des überlebenden Ehegatten noch vorhanden ist.[7])

1. Einkindschaftung = landesrechtlich zugelassene vertragliche Gleichstellung der Kinder erster und zweiter Ehe; seit 1. Jan. 1900 keine neue Einkindschaftung zulässig.

2. Nicht nur eheliche Abkömmlinge unehelicher anerkannter Kinder, sondern auch uneheliche Abkömmlinge anerkannter unehelicher Kinder, wenn die Abkömmlinge von ihrem Vater anerkannt sind.

3. Bei Zuwendung an Schwiegersohn spricht Vermutung für Absicht einer Zuwendung an die verheiratete Tochter (RFH. **4** 125, **12** 30).

4. Auch offene Handelsgesellschaft (RFH. **7** 192); über Zuwendungen an Gesellschaften s. insbes. RFH. **11** 112.

5. Vererbte sich die Bezugsberechtigung nicht fort, sondern wurden die Erträgnisse der aufgehobenen Stiftung unter bestimmten Voraussetzungen jährlich verteilt, so ist als „Zuletztberechtigter" nicht der letzte Revenuenempfänger, sondern lediglich die Stiftung selbst anzusehen (RFH. 3. Mai 1922 — VI A 77/22 —); also Steuersatz der Klasse V.

6. z. B. bei Berechtigung der Kinder und weiteren Abkömmlinge Steuersatz der Klasse II, bei Berechtigung der „Abkömmlinge von Geschwistern" (allgemein) Steuersatz der Klasse V.

7. Surrogation wird zuzulassen sein. Reicht der vorhandene Nachlaß des Erstverstorbenen zur Deckung der Erbansprüche der mit diesem Verwandten nicht aus, so ist er anteilig zu verteilen, der ungedeckt bleibende Teil des Anspruchs aber als Anfall vom Überlebenden zu versteuern. Gemeinsames Vermächtnis einer bestimmten Sache gilt von dem, dem sie gehörte, angefallen.

3. Berechnung der Steuer.

§ 10.

(1) Die Erbschaftssteuer beträgt für die Steuerklassen

I	II	III	IV	V
2	4	6	8	14

vom Hundert des Erwerbes.

(2) Der Steuersatz erhöht sich, wenn der Wert des Erwerbes

5 000	Goldmark	übersteigt,	um	10	vom	Hundert,
10 000	,,	,,	,,	20	,,	,,
15 000	,,	,,	,,	30	,,	,,
20 000	,,	,,	,,	40	,,	,,
25 000	,,	,,	,,	50	,,	,,
30 000	,,	,,	,,	60	,,	,,
35 000	,,	,,	,,	70	,,	,,
40 000	,,	,,	,,	80	,,	,,
45 000	,,	,,	,,	90	,,	,,
50 000	,,	,,	,,	100	,,	,,

und so fort um je 10 vom Hundert der im Abs. 1 genannten Steuersätze, und zwar für je weitere 10 000 Goldmark bis zu einem Gesamtanfall von 100 000 Goldmark, darüber hinaus für je weitere 20 000 Goldmark bis zu einem Gesamtanfall von 200 000 Goldmark, darüber hinaus für je weitere 30 000 Goldmark bis zu einem Gesamtanfall von 500 000 Goldmark und darüber hinaus für je weitere 50 000 Goldmark bis zu einem Gesamtanfall von 1 000 000 Goldmark. Bei einem höheren Erwerbe wird das Fünffache der Steuersätze des Abs. 1 erhoben.[1])

(3) Der Unterschied zwischen der Steuer, die sich bei Anwendung des Abs. 2 ergibt, und der Steuer, die sich berechnen würde, wenn der Erwerb die letztvorhergehende Wertgrenze nicht überstiegen hätte, wird nur insoweit erhoben, als er

a) bei einem Steuersatz bis zu 30 vom Hundert aus der Hälfte,
b) bei einem Steuersatz über 30 bis zu 50 vom Hundert aus drei Vierteln,
c) bei einem Steuersatz über 50 vom Hundert aus neun Zehnteln

des die Wertgrenze übersteigenden Erwerbes gedeckt werden kann.[2]) [3])

(4) Als Erwerb im Sinne der Abs. 1 bis 3 gilt, unbeschadet der Vorschrift des § 8 Abs. 3, die Bereicherung des Erwerbers, soweit sie nicht steuerfrei bleibt.[4])

1. Erbschaftssteuertabelle s. vor § 1.

2. Danach sind z. B. bei einem Anfall von 100 100 Goldmark an einen Sohn nicht 5 v. H. von 100 100 Goldmark, sondern nur (4,8 v. H. von 100 000) $+ \frac{100}{2}$ Goldmark zu erheben.

3. Der bisherige Zuschlag zum Steuerbetrag wegen der Höhe des eigenen Vermögens des Erwerbers ist in die Neufassung des § 10 nicht aufgenommen (Art. III § 1 Nr. 3 NV.).

4. Es bleibt also z. B. steuerfreier Hausrat auf die Höhe des Steuersatzes nach Abs. 2 ohne Einfluß (im Gegensatz zu bisher). — Hinsichtlich der Bereicherung s. § 12.

§ 11
fällt aus: Art. III § 1 Nr. 4 NV.

§ 12.

(1) Als Erwerb gilt, soweit nichts anderes vorgeschrieben ist, der gesamte Vermögensanfall [2]) an den Erwerber.[1]) Bei der Zweckzuwendung tritt an die Stelle des Anfalls die Verpflichtung [3]) des Beschwerten.

(2) Die infolge des Anfalls durch Vereinigung von Recht und Verbindlichkeit oder von Recht und Belastung erloschenen Rechtsverhältnisse [4]) gelten als nicht erloschen.

(3) Die Anwartschaft eines Nacherben gehört nicht zu seinem steuerbaren Nachlaß.[5])

(4) Von dem Erwerbe sind insbesondere [6]) abzuziehen:

1. die Kosten der Bestattung [7]) des Erblassers einschließlich der Kosten der landesüblichen kirchlichen und bürgerlichen Leichenfeierlichkeiten [8]) und der Kosten eines angemessenen Grabdenkmals;[9])
2. die im Falle der Todeserklärung des Erblassers dem Nachlaß zur Last fallenden Kosten des Verfahrens;
3. die Kosten der Eröffnung einer Verfügung des Erblassers von Todes wegen, die gerichtlichen und außergerichtlichen Kosten der Regelung des Nachlasses,[10]) die Kosten der gerichtlichen Sicherung des Nachlasses, einer Nachlaßpflegschaft, des Aufgebots der Nachlaßgläubiger und der Inventarerrichtung;
4. die Kosten eines für den Nachlaß oder wegen des Erwerbes geführten Rechtsstreits.

(5) Schulden und Lasten, die in wirtschaftlicher Beziehung zu nichtsteuerbaren Teilen des Erwerbes stehen, sind nicht abzuziehen.[11]) Beschränkt sich die Besteuerung auf einzelne Vermögensgegenstände (§ 8 Abs. 1 II, Abs. 3), so sind nur die in

einer wirtschaftlichen Beziehung zu diesem Teile des Erwerbes stehenden Schulden und Lasten abzugsfähig.

(6) Verbindlichkeiten aus Pflichtteilsrechten können nur insoweit abgezogen werden, als der Anspruch auf den Pflichtteil geltend gemacht wird.[12])

(7) Die Erbschaftssteuer wird nicht abgezogen.[13])

(8) Ist eine Zuwendung unter einer Auflage gemacht, die in Geld veranschlagt werden kann, so ist die Zuwendung nur insoweit steuerpflichtig, als sie den Wert der Leistung des Beschwerten übersteigt, es sei denn, daß die Leistung dem Zwecke der Zuwendung dient.[14])

1. Die Neufassung des Abs. 1 durch Art. III § 1 Nr. 5 NV. bringt (in Verbindung mit dem jetzigen Wortlaut des § 10 Abs. 4) sachlich nichts Neues.

2. Besteuert wird der Spezialerwerb und die durch ihn herbeigeführte Vermögensvermehrung des Erwerbers nach dem Ausmaß seiner hierdurch geschaffenen Bereicherung (vergl. K. Vorbem. § 20). Somit alles dem Erwerber aus dem steuerpflichtigen Grunde von derselben Person anfallende Vermögen, soweit es nicht besonders ausgenommen ist (vergl. § 8 Abs. 1 II, § 12 Abs. 3); gleichzeitiger Fideikommiß- und Allodialanfall gilt als Gesamtanfall (RFH. **1** 258). — Die bei einem Anfall infolge familienrechtlicher Bestimmungen eintretende Vermögensmehrung (z. B. Zuwendung an ein unmündiges Kind, wobei für dessen Vater das gesetzliche Nutzungsrecht an dem Zugewendeten entsteht) gilt weder als Anfall (an den Vater) noch als Belastung (für das Kind); ebenso ist, wenn in vorstehendem Beispiel der Nießbrauch dem Vater ausdrücklich zugewendet wurde, die ihm schon gesetzlich zustehende Nutznießung unberücksichtigt zu lassen (RFH. **3** 249 und v. 27. Sept. 1922 — VI A 189/21 —). Die auf Grund landrechtlicher Güterrechte bestehenden Nutzungsrechte (z. B. hessische Leibzucht) haben regelmäßig erbrechtlichen Charakter, sind also als Anfall (bezw. Belastung) zu berücksichtigen (RFH. 31. Mai 1922 — VI A 79/21 —); hinsichtlich der Nutzung bei fortgesetzter Gütergemeinschaft vergl. RFH. **7** 47.

3. Richtiger wäre „Wert der Verpflichtung" nach dem Inhalt der Zuwendung für die Erreichung des Zweckes (vergl. näher zu § 4).

4. z. B. Vererbung einer Hypothekenforderung an den Schuldner. — Beerbung eines Gesellschafters einer offenen Handelsgesellschaft durch den anderen, der vertraglich zur Geschäftsübernahme berechtigt war, s. RFH. 23. Febr. 1922 — VI A 29/20 —, St. u. W. **1** 475.

5. s. hierzu § 2 Abs. 2 Nr. 5 und § 7 Abs. 2.

6. Aufgeführt sind z. B. nicht die vom Erblasser herrührenden Schulden, auf Nachlaßgegenständen ruhende dingliche Lasten; sie sind, als die Bereicherung mindernd (§ 10 Abs. 4), vom Anfall abzuziehen. — Verjährte

Schulden sind als zweifelhafte Last anzusehen (RG. in JW. 18 S. 736[5]), solche gegen Miterben sind abzuziehen, wenn sie bei der Auseinandersetzung angerechnet werden (RFH. 9. März 1922 — VI A 2/21 —, St. u. W. 1 622). — Ungültiges Unterhaltsversprechen bleibt, auch wenn es die Erben aus sittlicher Pflicht oder Anstandsrücksichten erfüllen, unberücksichtigt (RFH. 4 13).

7. Einschließlich erstmaliger Grabherrichtung; Grabpflege nur, wenn vom Erblasser letztwillig angeordnet.

8. Wenn vom Erblasser letztwillig bestimmt, auch die Kosten der über das Landesübliche hinausgehenden Leichenfeierlichkeiten; solche Anordnungen (s. auch zu 7) sind Auflagen, die (nach Abs. 8) zu berücksichtigen sind. — Die Kosten der Trauerkleidung der Erben sind abzuziehen (RFH. 22. Nov. 1922 — VI A 91/22 —).

9. Angemessenheit richtet sich nach der Lebensstellung des Erblassers und seiner Bedeutung für die Familie und andere Personenkreise, nicht nach dem hinterlassenen Vermögen und der Ortssitte (RFH. 27. Jan. 1922 — I a A 123/21 — JW. 442).

10. Testamentsvollstreckervergütung ist, soweit sie angemessene Gegenleistung für die Amtsführung, reine Nachlaßverbindlichkeit; das darüber hinaus vom Erblasser als Vergütung Ausgesetzte wird oft steuerpflichtig sein. Ist im Testament keine Bestimmung getroffen, so hat der Testamentsvollstrecker nach § 2221 BGB. einen Anspruch auf angemessene Vergütung, und zwar steuerfrei. Ist im Testament dem Vollstrecker eine Vergütung ausgesetzt, so bildet sie eine steuerfreie, abzugsfähige Nachlaßverbindlichkeit, es sei denn, daß aus der unangemessenen Höhe der Vergütung ein Vermächtniswille sich ergibt (§ 1939 BGB., Reichsgerichtsräte Anm. 1 zu § 2221, RFH. 2 221). — Vom Testamentsvollstrecker im Rahmen des § 2205 BGB. vorgenommene unentgeltliche Verfügungen belasten den Nachlaß (RFH. 15. Febr. 1922 — VI A 36/20 —). — Nachlaßregelungskosten sind: Kosten für Grundstücksumschreibung auf die Erben (bei Alleinerben verneint: RFH. 1 124), für einen Erbschein, für die Eintragung einer zur Bezahlung von Nachlaßschulden oder der Erbschaftssteuer aufgenommenen Hypothek (RFH. 9 77), für die Erfüllung von Vermächtnissen (RFH. 1 124); nicht: Kosten für Beistandsleistung zur Erfüllung der Erbenverpflichtungen vor Gericht und Steuerbehörden (RFH. 27. Jan. 1922 — I a A 213/21 —; nach diesem Urteil gehört zur Nachlaßregelung alles das, was geschieht, um das hinterlassene Vermögen in einen von den Beziehungen zum Erblasser unabhängigen Zustand zu bringen). — Kosten der Erfüllung eines Schenkungsversprechens sind von der Bereicherung des Beschenkten nur abzuziehen, wenn und soweit er die Kosten vertraglich übernommen hat (RFH. 1 59).

11. Keine anteilige Verteilung (auf steuerpflichtige und steuerfreie Gegenstände) derjenigen Schulden, die nicht in besonderer wirtschaftlicher Beziehung zu einem Nachlaßteile stehen, sondern dann Abzug in voller Höhe

vom steuerpflichtigen Nachlaß (RFH. 9 77). — Wirtschaftliche Beziehung: z. B. dingliche Haftung, Geschäftsschuld.

12. Vergl. § 2 Abs. 1 Nr. 1 und dortige Anm. 3.

13. d. h. die aus dem Steuerfall sich ergebende; wegen der ausländischen s. § 8 Abs. 2.

14. Einheitliche Zweckzuwendung s. vorstehend Anm. 3 und § 4 Anm. 1.

§ 13.

Hat der Erwerber nach Vollendung des 15. Lebensjahrs im Haushalt oder im Betriebe des Erblassers ohne Barlohn Dienste geleistet und dadurch eine fremde Arbeitskraft erspart, so wird auf Antrag ein der Arbeit und der Dienstzeit angemessener Betrag von dem Anfall abgezogen.

§ 14

fällt aus: Art. III § 1 Nr. 6 NV.

[Die Vorschrift betraf die sog. Erbschaftssteuerversicherung.]

§ 15.

Erfüllt der Erbe eine wegen Formmangels nichtige Verfügung von Todes wegen,[1]) so ist nur die Steuer zu erheben, die bei Gültigkeit der Verfügung des Erblassers zu entrichten gewesen wäre.

1. Auch nur mündliche Erklärungen des Erblassers, vorausgesetzt, daß der Erblasser mit der Erklärung eine letztwillige Verfügung treffen und nicht nur einen Wunsch oder die bloße Absicht, später ein Testament zu errichten, äußern wollte (RFH. 21. Juni 1922 — VI A 192/21 — und 5. Juli 1922 — VI A 150/22 —).

§ 16.

Hat der Erblasser die Entrichtung der von dem Erwerber geschuldeten Steuer einem anderen auferlegt,[1]) so sind die Steuern [2]) so zu berechnen, wie wenn die Auflage nicht erfolgt wäre. Dies gilt nicht für Schenkungen, bei denen der Schenker die Zahlung der Steuer übernimmt.[3])

1. Sog. steuerfrei zu zahlendes Vermächtnis, für das nach dem Willen des Erblassers ein Erbe oder der Nachlaß die Steuer zu zahlen hat.

2. Nämlich die Steuer für den Vermächtnisnehmer und die Steuer für den (oder die) Erben.

3. Es ist alsdann also die Gesamtbereicherung zu errechnen, die nach Abzug der von ihr zu berechnenden Steuer den Nennbetrag der Zuwendung

ergibt. Das geschieht im Regelfall nach der Formel $\frac{100 z}{100 - p}$, wobei z der Nennbetrag der Zuwendung, p der anzuwendende Steuersatz ist. [Besondere Berechnung ist erforderlich, wenn die Grenze einer Steuerstufe (§ 10 Abs. 2) überschritten wird, wegen § 10 Abs. 3.]

§ 17.

(1) Mehrere innerhalb 10 Jahren von derselben Person anfallende Vermögensvorteile werden in der Weise zusammengerechnet, daß dem letzten Erwerbe die früheren Erwerbe [1]) nach ihrem früheren Werte zugerechnet werden und von der Steuer für den Gesamtbetrag die Steuer abgezogen wird, welche für die früheren Erwerbe zur Zeit des letzten zu erheben gewesen wäre.

(2) Die durch jeden weiteren Erwerb veranlaßte Steuer darf nicht mehr betragen als 70 [2]) vom Hundert dieses Erwerbes.

1. Ob auch die nach besonderer Vorschrift des Ges. steuerfrei gebliebenen, ist für einzelne im § 21 genannte, nicht zahlenmäßig oder sonst in der Höhe eingeschränkte steuerfreie Erwerbe zweifelhaft. Trotz des Wortes „Erwerb" wohl auch auf Zweckzuwendungen auszudehnen, wenn — abgesehen von der Person des Beschwerten — die wesentlichen Bestimmungen der einzelnen Zuwendungen des Spenders die gleichen sind.

2. Bisher 80. — Art. III § 1 Nr. 7 NV.

4. Steuerschuld und Steuerschuldner.

§ 18.

(1) Die Steuerschuld entsteht mit dem Zeitpunkt des Anfalls,[1]) bei Schenkungen unter Lebenden mit dem Zeitpunkt der Ausführung der Zuwendung,[2]) bei Zweckzuwendungen mit dem Eintritt der Verpflichtung des Beschwerten.[3])

(2) Steuerschuldner ist der Erwerber, bei einer Schenkung auch der Schenker und bei einer Zweckzuwendung der mit der Ausführung der Zuwendung Beschwerte.

(3) Im Falle des § 5 sind die Abkömmlinge im Verhältnis der auf sie entfallenden Anteile, der überlebende Ehegatte für den gesamten Steuerbetrag Steuerschuldner.

(4) Neben den in Abs. 2, 3 Genannten haftet der Nachlaß sowie jeder Erbe [4]) in Höhe des Wertes des aus der Erbschaft Empfangenen für die Steuer der am Erbfall Beteiligten als Gesamtschuldner.

(5) Der Vorerbe hat die durch die Vorerbschaft veranlaßte Steuer[5]) aus den Mitteln der Vorerbschaft zu entrichten.[6])

(6) Haben Erben, gesetzliche Vertreter, Bevollmächtigte der Erben, Erbschaftsbesitzer (§ 2018 des Bürgerlichen Gesetzbuchs), Testamentsvollstrecker, Nachlaßpfleger oder Nachlaßverwalter den Nachlaß oder Teile desselben vor der Berichtigung oder Sicherstellung der Steuer anderen ausgeantwortet, so haften diese in Höhe des aus der Erbschaft Empfangenen persönlich für die Steuer, es sei denn, daß sie zur Zeit der Ausantwortung in gutem Glauben sind. Sie sind nicht in gutem Glauben, wenn ihnen bekannt oder infolge grober Fahrlässigkeit unbekannt ist, daß die Steuer weder entrichtet noch sichergestellt ist.

(7) Versicherungsunternehmungen,[7]) die vor Berichtigung oder Sicherstellung der Steuer die von ihnen zu zahlende Versicherungssumme oder Leibrente in das Ausland zahlen oder ausländischen Berechtigten zur Verfügung stellen, haften in Höhe des ausgeantworteten Betrags für die Steuer.[8]) Das gleiche gilt für Personen, in deren Gewahrsam sich Vermögen[9]) des Erblassers befindet, soweit sie das Vermögen vorsätzlich oder fahrlässig vor Berichtigung oder Sicherstellung der Steuer in das Ausland bringen oder ausländischen Berechtigten zur Verfügung stellen.

(8) Ob und inwieweit die Finanzämter in Fällen des Abs. 7 Erleichterung gewähren können, bestimmt der Reichsminister der Finanzen.[10])

1. Steuerstichtag ist in der Regel der Todestag des Erblassers; ob auch bei bedingtem Erwerb und Erwerb bedingter Rechte mit Rücksicht auf §§ 147, 150 AO. einerseits, §§ 2177 bis 2179 BGB. andererseits zweifelhaft (bejahend Mirre Anm. 3, 4). — Bei Todeserklärungen gilt als Todestag der Tag der Rechtskraft des Ausschlußurteils (§ 81 Abs. 5 AO.); hierzu RFM. 11. März 1921 — III a 6526/20 —, Jb. 1921 S. 381. — Auch bei späterem Antritt der Erbschaft (z. B. infolge Nachlaßverwaltung) gilt Todestag als Tag des Anfalls (RFH. 4 30). — Bei Nacherbfolge: Zeitpunkt des Eintritts der Nacherbfolge (§ 7). — Bei Erwerb auf Grund einer Auflage: Zeitpunkt der Erfüllung (RFH. 3 221). — Falls Genehmigung erforderlich (bei Stiftung von Todes wegen): Todestag des Erblassers (§ 84 BGB.), aber erst nach erteilter Genehmigung, also rückwirkend.

2. Schenkung ist grundsätzlich erst mit der Ausführung steuerpflichtig, nicht schon das obligatorische Schenkungsversprechen. Ausnahmsweise

ist die Schenkung schon mit der Erteilung eines (u. U. sogar ungültigen) Versprechens als ausgeführt anzusehen, wenn durch die Begründung der Forderung ein auf die Dauer berechneter Zustand herbeigeführt werden soll; zivilrechtliche Erfüllung alsdann nicht erforderlich (RFH. **10** 240); hiernach Ausführung anzunehmen: bei Umwandlung der Forderung aus dem Schenkungsversprechen in eine Darlehnsforderung (RFH. **9** 276), bei Eintragung einer Hypothek (RFH. 10. April 1922 — VI A 163/21 —), bei Begründung eines Rentenstammrechts (RFH. **4** 243 und **8** 63), bei Übergang der wirtschaftlichen Herrschaft über ein Grundstück (RFH. 11. März 1921 — I a A 9/21 —; 15. Juli 1921 — I a A 54/21 — [RStBl. S. 363] und 10. Mai 1922 — VI A 190/21 —; auch **5** 197). — Für Stiftungen unter Lebenden und sonstige genehmigungspflichtige Zuwendungen gilt grundsätzlich Tag der Zustellung der Genehmigungsurkunde als Tag der Ausführung (RFH. **1** 16; 12. April 1921 — I a A 7/21 — und 8. Febr. 1921 — I a A 35/20 —); bei vorheriger Übergabe des Vermögens an einen Vertreter der zukünftigen Rechtsperson gilt Zuwendung schon vor Genehmigung vollzogen (RFH. **10** 240). — Bei gemischter Schenkung gilt Zuwendung erst mit der Übergabe oder Übereignung (Auflassung) des Zugewendeten als ausgeführt (RFH. **12** 34). Maßgebend für das Vorliegen gemischter Schenkung nicht das objektive Wertverhältnis der beiderseitigen Leistungen, sondern der Vertragszweck (vergl. oben Anm. 2 zu § 3, K. S. 179 ff.).

3. Also nicht Zeitpunkt der Erfüllung des gedachten Zwecks, sondern schon Todestag des Erblassers oder Tag der Ausführung der der Zweckzuwendung zugrunde liegenden Schenkung (s. Anm. 1 und 2 zu § 4).

4. Jeder Erbe, also auch der nicht steuerpflichtige; aber nicht der Vermächtnisnehmer, Pflichtteilsberechtigte.

5. Also u. a. die Steuer, welche ein Vorerbe, der neben der Vorerbschaftsmasse noch freies Vermögen erbt, infolge der durch die Vorerbschaft veranlaßten Erhöhung des Gesamtanfalls nach § 10 Abs. 2 in erhöhtem Hundertsatz zu zahlen hat.

6. Mußvorschrift, um bei der Feststellung der Höhe des Anfalls an den Nacherben die vom Vorerben entrichtete Steuer ohne weitere Erörterungen abziehen zu können.

7. Auch Berufsverbände, die Lebens- (Sterbegeld-) oder Leibrentenversicherung betreiben, nicht Ortskrankenkassen (RFM. 2. Juli 1920 — III a 2914 —).

8. Zahlung ins Ausand oder Zurverfügungstellung an ausländische Gläubiger: RFH. **8** 338.

9. Auch Barguthaben (RFH. **3** 246). Gewahrsam bedeutet körperliche Gewalt, zu unterscheiden von der Verwaltung als rechtlicher Dispositionsbefugnis.

10. Ermächtigung der Finanzämter, bei Versicherungssummen und verwahrten Vermögen bis zu 100 Goldmark die Haftung nicht gelten zu machen: RFM. 17. Nov. 1923 — III C 12905 — (RStBl. S. 441). Wegen des Begriffs der Zahlung ins Ausland: RFM. 7. Juni 1923 — III C 6947 — (RStBl. S. 210). — Ermächtigung der Finanzämter, die Zahlung von Versicherungssummen usw. ins Saargebiet bis zu 90 v. H. ihres Betrags zu gestatten: RFM. 28. März 1922 (RStBl. S. 148).

§ 19.

(1) Bei einem Erwerb im Sinne des § 2 Abs. 1 Nr. 2 ist der Erwerber mit Genehmigung der Aufsichtsbehörde befugt, den Betrag der Steuer dem gebundenen Vermögen zu entnehmen und zu diesem Zwecke über die zu dem Vermögen gehörenden Gegenstände zu verfügen.

(2) Durch die Vorschrift des Abs. 1 wird die Befugnis des Inhabers nicht berührt, auf Grund solcher gesetzlicher, hausgesetzlicher oder stiftungsmäßiger Vorschriften, welche die Verfügung unter anderen Voraussetzungen zulassen, über das gebundene Vermögen zu verfügen.

(3) Fehlt eine Aufsichtsbehörde oder ist ungewiß, welche Behörde zur Aufsicht berufen ist, so gilt als Aufsichtsbehörde im Sinne des Abs. 1 das Oberlandesgericht, in dessen Bezirke das gebundene Vermögen sich seinem Hauptbestande nach befindet. Ist die Genehmigung von einem Oberlandesgericht erteilt, so kann nicht geltend gemacht werden, daß das Oberlandesgericht für die Genehmigung nicht zuständig gewesen wäre. Die Landeszentralbehörde kann bestimmen, daß an Stelle des Oberlandesgerichts eine andere Behörde tritt.

§ 20.

Die Verjährung des Steueranspruchs beginnt nicht vor dem Tode des Schenkers, bei einer Zweckzuwendung unter Lebenden nicht vor Erfüllung der Verpflichtung.[1])

1. Im übrigen s. §§ 120 ff. AO.; Verjährungsfrist 5, bei Hinterziehung 10 Jahre.

5. Befreiungen und Ermäßigungen.

§ 21.

(1) Steuerfrei bleiben

1. bei den Steuerklassen I, II ein Erwerb von nicht mehr als 3 000 Goldmark;[1])

2. bei den Steuerklassen III, IV ein Erwerb von nicht mehr als 2 000 Goldmark; [1])

3. bei der Steuerklasse V ein Erwerb von nicht mehr als 500 Goldmark; [1])

4. a) Hausrat, einschließlich Wäsche und Kleidungsstücke, sofern er Personen der Steuerklassen I, II anfällt,

   b) Hausrat, einschließlich Wäsche und Kleidungsstücke, soweit [2]) der Wert bei einem Anfall an Personen der Steuerklassen III, IV den Betrag von 5 000 Goldmark nicht übersteigt,

   c) andere bewegliche körperliche Gegenstände,[3]) einschließlich derjenigen der in § 9 Nr. 7 des Vermögensteuergesetzes genannten Art,[4]) sofern sie Personen der Steuerklassen I bis IV anfallen und soweit [2]) ihr Wert bei einem Anfall an Personen der Steuerklassen I, II den Betrag von 5 000 Goldmark, bei einem Anfall an Personen der Steuerklassen III, IV den Betrag von 2 000 Goldmark nicht übersteigt; sonstige im § 9 des Vermögensteuergesetzes aufgezählte bewegliche körperliche Gegenstände [5]) sowie solche, die im Sinne des Vermögensteuergesetzes zum Betriebsvermögen [6]) gehören oder Zubehör [7]) eines Grundstücks bilden, sind von der Befreiung ausgenommen;

5. Kunstgegenstände und Sammlungen, die Personen der Steuerklassen I, II anfallen, sofern sie von lebenden oder seit nicht mehr als fünfzehn Jahren verstorbenen deutschen Künstlern geschaffen sind oder sofern der Anschaffungspreis betragen hat

   für den einzelnen Gegenstand

   a) bei Anschaffungen vor dem 1. Januar 1919 nicht mehr als 10 000 Mark,

   b) bei Anschaffungen nach dem 31. Dezember 1918 nicht mehr als 1 000 Goldmark,

   oder für mehrere gleichartige oder zusammengehörige Gegenstände

   a) bei Anschaffungen vor dem 1. Januar 1919 nicht mehr als 100 000 Mark,

   b) bei Anschaffungen nach dem 31. Dezember 1918 nicht mehr als 10 000 Goldmark.

Kunstgegenstände und Sammlungen, die im Sinne des Vermögensteuergesetzes zum Betriebsvermögen [8]) gehören, sind von der Befreiung ausgenommen.

Der Reichsminister der Finanzen trifft die näheren Bestimmungen, wie bei Anschaffungen nach dem 31. Dezember 1918 der auf Papiermark lautende Anschaffungspreis in Goldmark umzurechnen ist;

6. nicht zur Veräußerung bestimmte bewegliche körperliche Gegenstände, die geschichtlichen oder kunstgeschichtlichen oder wissenschaftlichen Wert haben und sich seit mindestens 20 Jahren im Besitze der Familie des Erblassers befinden, sofern sie Personen der Steuerklassen I, II anfallen und nach näherer behördlicher Anweisung den Zwecken der Forschung oder Volksbildung nutzbar gemacht werden. Werden solche Gegenstände innerhalb zehn Jahren nach dem Erbfall veräußert, so tritt die Steuerbefreiung außer Kraft;
7. ein Erwerb nach § 1969 des Bürgerlichen Gesetzbuchs; [8])
8. die Befreiung eines Steuerpflichtigen der Steuerklassen I, II von einer Schuld gegenüber dem Erblasser, soweit durch den Anfall lediglich die Beseitigung [9]) einer Überschuldung erreicht wird; [10])
9. die Befreiung von einer Schuld gegenüber dem Erblasser, sofern die Schuld durch Gewährung von Mitteln zum Zwecke des angemessenen Unterhalts [11]) oder zur Ausbildung [11a]) des Bedachten begründet worden ist oder der Erblasser die Befreiung mit Rücksicht auf die Notlage [12]) des Schuldners angeordnet hat und diese auch durch die Zuwendung nicht beseitigt wird. Die Steuerbefreiung entfällt, soweit die Steuer aus der Hälfte einer neben der erlassenen Schuld dem Bedachten anfallenden Zuwendung gedeckt werden kann;
10. ein Erwerb, der einem Steuerpflichtigen der Steuerklassen I, II, Eltern, Stiefeltern oder Großeltern des Erblassers anfällt, sofern der Erwerb zusammen mit dem sonstigen Vermögen des Erwerbers 5 000 Goldmark nicht übersteigt und der Erwerber infolge körperlicher oder geistiger Gebrechen und unter Berücksichtigung seiner bisherigen Lebensstellung als erwerbsunfähig anzusehen

ist oder durch die Führung eines gemeinsamen Hausstandes mit erwerbsunfähigen oder in der Ausbildung zu einem Lebensberufe begriffenen Abkömmlingen an der Ausübung einer Erwerbstätigkeit gehindert ist; [13])

11. ein Erwerb, der Personen anfällt, die dem Erblasser in Erwartung einer letztwilligen Zuwendung [14]) unentgeltlich oder gegen unzureichendes Entgelt Pflege oder Unterhalt gewährt haben, soweit [2]) das Zugewendete als angemessenes Entgelt anzusehen ist; [15])

12. Vermögen, das leibliche Eltern, Großeltern oder entferntere Voreltern ihren Abkömmlingen durch Schenkung oder Übergabevertrag zugewandt hatten und das an diese Personen zurückfällt; [16])

13. der Verzicht auf den Pflichtteilsanspruch; [17])

14. Zuwendungen unter Lebenden zum Zwecke des angemessenen Unterhalts [18]) oder zur Ausbildung [19]) des Bedachten;

15. Ruhegehalte [20]) und ähnliche Zuwendungen,[21]) die ohne rechtliche Verpflichtung früheren oder jetzigen Angestellten oder Bediensteten gewährt werden, sowie Zuwendungen an Pensions- oder Unterstützungskassen des eigenen Betriebs; [22])

16. die üblichen Gelegenheitsgeschenke; [23])

17. Anfälle [24]) an das Reich, ein Land oder eine inländische Gemeinde (Gemeindeverband) [25]) sowie solche Anfälle, die ausschließlich Zwecken des Reichs, eines Landes oder einer inländischen Gemeinde (Gemeindeverband) [25]) dienen; [26])

18. Zuwendungen an inländische Kirchen,[27]) an inländische Stiftungen, Gesellschaften, Vereine oder Anstalten,[28]) die ausschließlich kirchliche Zwecke verfolgen, sofern ihnen die Rechte juristischer Personen zustehen, sowie Zuwendungen zu ausschließlich kirchlichen Zwecken [29]) [30]) innerhalb des Deutschen Reichs oder seiner Schutzgebiete oder zugunsten deutscher Reichsangehöriger im Ausland, sofern die Verwendung zu diesem Zwecke gesichert ist.[31])

Unter Kirchen sind alle inländischen Religionsgesellschaften, denen die Rechte juristischer Personen zustehen, unter kirchlichen Zwecken sind die Zwecke solcher Religionsgesellschaften zu verstehen. Den Religionsgesellschaften sind gleichgestellt inländische Vereinigungen, die sich die gemeinschaftliche Pflege einer Weltanschauung zur Aufgabe machen und denen die Rechte juristischer Personen zustehen; kirchlichen Zwecken sind die Zwecke solcher Vereinigungen gleichgestellt;

19. Zuwendungen
   a) an solche inländische Stiftungen, Gesellschaften, Vereine oder Anstalten, die ausschließlich mildtätige oder gemeinnützige Zwecke verfolgen, sofern ihnen die Rechte juristischer Personen zustehen,[32])
   b) die ausschließlich mildtätigen oder gemeinnützigen Zwecken innerhalb des Deutschen Reichs oder seiner Schutzgebiete oder deutschen Reichsangehörigen im Ausland gewidmet sind,[32a]) sofern die Verwendung zu dem bestimmten Zwecke gesichert[33]) und die Zuwendung nicht auf einzelne Familien oder bestimmte Personen beschränkt ist;[34])

20. Zuwendungen, die der Pflege des Andenkens oder dem Seelenheile des Zuwendenden oder seiner Angehörigen dienen.[35])

(2) Angemessen im Sinne des Abs. 1 Nr. 14 ist eine den Vermögensverhältnissen und der Lebensstellung des Bedachten entsprechende Zuwendung.[36]) Eine dieses Maß übersteigende Zuwendung ist in vollem Umfang steuerpflichtig.

(3) Steuerbefreiung kann zugunsten ausländischer Kirchen, Stiftungen, Gesellschaften, Vereine oder Anstalten der in Abs. 1 Nr. 18, 19 bezeichneten Art sowie zugunsten solcher Zuwendungen, die den in Abs. 1 Nr. 18, 19 bezeichneten Zwecken im Auslande zu dienen bestimmt sind, zugestanden werden, sofern der ausländische Staat Gegenseitigkeit gewährt. Die Entscheidung darüber, ob diese Voraussetzungen vorliegen, trifft der Reichsminister der Finanzen.

(4) Jede Befreiungsvorschrift ist für sich anzuwenden.[37])

(5) Übersteigt der Wert des Erwerbes einen der in Abs. 1 Nr. 1 bis 3 genannten Beträge oder der Wert des Erwerbes zusammen mit dem sonstigen Vermögen des Erwerbers den in Abs. 1 Nr. 10 genannten Betrag, so wird die Steuer nur insoweit erhoben, als sie aus der Hälfte des die Wertgrenze übersteigenden Betrags gedeckt werden kann.

1. Steuerklassen: § 9. — Anfälle, welche die angegebenen Werte übersteigen, sind in voller Höhe steuerpflichtig (s. aber Abs. 5). — Die nach Nr. 4 besonders befreiten Gegenstände sind bei Anwendung der Nrn. 1 bis 3 nicht mit zu berücksichtigen (RFH. **11** 333).

2. „soweit" bedeutet, daß der angegebene Betrag stets, also auch dann steuerfrei bleibt, wenn die Zuwendung im Einzelfall höher ist.

3. Die Befreiung nach den Nrn. 4 bis 6 wird auch auf Erwerb von Nießbrauch an den darin genannten Gegenständen zu erstrecken sein (so RFM. zu entsprechenden Vorschriften des ErbStG. 1919).

4. also auch Gegenstände aus Edelmetall, Schmuck- und Luxusgegenstände.

5. Wertpapiere, Bargeld, fremde Geldsorten, Edelmetalle, Edelsteine, Perlen.

6. s. § 8 VermStG. — 7. §§ 93 ff. BGB.

8. Recht des „Dreißigsten". — 9. Ganze oder teilweise Beseitigung.

10. Eine ausdrückliche Zweckbestimmung seitens des Erblassers (Schenkers) nicht erforderlich (vergl. RFH. bei Anm. 12).

11. s. Anm. 18.

11a. Alternatives, nicht kumulatives Merkmal. Daher auch Angemessenheit der Ausbildung keine Voraussetzung der Befreiung; s. auch Anm. 19.

12. Unschädlich, wenn daneben noch andere Motive (etwa Belohnung von Diensten) bestimmend sind. „Notlage" = nicht vorübergehende Geldverlegenheit, sondern wirtschaftlicher Notstand, Zwangslage, aus der sich Schuldner bei seinen Einkommens- und Vermögensverhältnissen nicht ohne fremde Hilfe befreien kann (RFH. 18. Mai 1921 — Ia A 20/21 —; s. auch Anm. 10).

13. „Erwerbsunfähigkeit" = Unfähigkeit, einem berufsmäßigen Erwerbe nachzugehen; die körperliche Fähigkeit, den Haushalt zu führen, schließt Erwerbsunfähigkeit nicht aus (RFH. **6** 31). Beträchtliche Minderung der Erwerbsunfähigkeit ist dieser gleichzuachten; Notlage ist nicht Voraussetzung für die Steuerbefreiung (RFH. **8** 296). — Befreiung nicht ausgeschlossen, wenn die gebrechliche Person noch im Kindesalter (RFH. **3** 223).

14. Unschädlich, wenn daneben noch andere Gründe (etwa Hoffnung auf Eheschließung) für die Leistungen des Erwerbers maßgebend waren (RFH. 27. Jan. 1922 — Ia A 213/21 —).

15. „Angemessenes Entgelt" = Betrag, den der Erblasser angemessenerweise als Gegenleistung innerhalb der Dienstzeit gezahlt hätte; Geldentwertung bleibt außer Betracht (RFH. 11. März 1921 — Ia A 17/21 —, kaum zutreffend). — Befreiung findet auch auf juristische Personen und auch dann Anwendung, wenn Beerbung durch den Verpflegenden durch Erbvertrag gesichert war (RFH. **11** 208).

16. Grundsätzlich nur Befreiung für die Vermögensstücke, die hingegeben wurden, nicht für Ersatzbeschaffungen. — Nur der Elternteil, der geschenkt hat, genießt die Befreiung (RGZ. **94** 236).

17. d. h. nicht geltend gemachten (s. § 2 Abs. 1 Nr. 1). Verzicht auf geltend gemachten P. ist freigebige Zuwendung nach § 3 Nr. 2.

18. Erfüllung gesetzl. Unterhaltspflicht (§§ 1601 ff. BGB.) ist keine Zuwendung (Anm. 1 zu § 3). Was aber über die laufende Unterstützung hinausgeht, ist freigebige Zuwendung, es sei denn, daß besondere Gründe die Sicherstellung des Unterhaltsanspruchs rechtfertigen und den Willen der Freigebigkeit beim Zuwendenden als ausgeschlossen erscheinen lassen. Es muß danach Anlaß zur Zuwendung und zu der Art der Zuwendung vorliegen und diese unmittelbar und ausschließlich zum Unterhalt verwendet werden (RFH. **3** 223, **7** 30 und v. 31. Mai 1922 — VI A 126/22 —). Bedürftigkeit des Bedachten nicht erforderlich. „Angemessen" bedeutet aber hier, daß Bedachter selbst nicht in der wirtschaftlichen Lage ist, sich selbst angemessen zu unterhalten (RFH. **8** 129); im übrigen über den Begriff der Angemessenheit in § 21 Abs. 2 und RFH. **8** 60 (s. Anm. 11 zu § 3). — Es sind danach nicht steuerfrei: Kapitalzuwendungen, von denen nur die Zinsen zum Unterhalt dienen sollen (RFH. 27. Jan. 1922 — Ia A 158/21 —), oder die den Bedachten in eine wirtschaftlich günstigere Lage versetzen, ihm selbständige Lebensstellung, wirtschaftliche Unabhängigkeit, Erschließung einer Einnahmequelle ermöglichen sollen (RFH. **7** 30 und v. 27. Sept. 1921 — Ia A 97/21 — und 13. Jan. 1922 — Ia A 175/21 —); auch nicht, wenn zur Erfüllung der Unterhaltspflicht die Gewährung einer Vierteljahrs- oder Monatsrente genügt hätte (RFH. 13. Jan. 1922 — Ia A 175/21 —) oder wenn Grund für die Zuwendung nur die Besorgnis ist, daß (bei volljährigen, selbständigen Kindern) durch Heranziehung des eigenen Vermögens dieses in wenigen Jahren verbraucht werde (RFH. **8** 60; letzteres m. E. Frage des Einzelfalles; häufig doch als Unterhalt angemessen bei entsprechenden Verhältnissen); ferner nicht die Zuwendung eines Rentenstammrechts, da nicht feststeht, ob Unterstützungsbedürftigkeit bis zum Lebensende des Bedachten besteht (RFH. 3. Mai 1922 — VI A 24/22 — und 11. April 1923 — VI A 26/23 —). — Verpflichtung eines Sohnes, aus den Erträgen eines geschenkten Kapitals seinen Unterhalt selbst zu bestreiten, ist keine geldwerte Gegenleistung; Verpflichtung wegen § 1614 BGB. wertlos (RFH. 24. Mai 1922 — VI A 87/22 —). — Zuschüsse an einen Vater zur Ausbildung seiner Kinder können dem angemessenen Unterhalt des Vaters dienen (RFH. 10. Mai 1922 — VI A 82/22 —); Zahlung eines Betrages zur Deckung von Übersiedlungskosten kann, wenn Einkommens- und Vermögensverhältnisse des Bedachten und seines Ehegatten es rechtfertigen, als zum angemessenen Unterhalt gegeben angesehen werden (RFH. 7. März 1923 — VI A 14/23 —). — Bei beurkundeten Zuwendungen braucht Zweckbestimmung nicht an-

gegeben zu sein; die Gesamtumstände des Falles sind für die Anwendung der Vorschrift maßgebend (RFH. 9 31). — Unter die Befreiung fallen nur Zuwendungen, die unmittelbar dem Bedachten zugute kommen, nicht solche über eine Stiftung, Personenvereinigung oder dergl. (RFH. 25. Okt. 1922 — VI A 199/21 —). Ausnahmen (nach § 108 Abs. 1 AO. zugestanden) für Zuwendungen von Lebensmitteln, Kohlen und dergl., auch Geld zur Beschaffung von solchen, an Klöster und Anstalten: RFM. 15. Aug. 1921 — III V 5069 — (Jb. 1921 S. 376 zu e).

19. Für Zuwendungen zur Ausbildung gelten im wesentlichen dieselben Grundsätze wie für Unterhaltszuwendungen (abgesehen von dem Erfordernis der „Angemessenheit"); vergl. oben Anm. 11a. Befreiung ist nicht gegeben, wenn die A. auch ohne die Zuwendung sichergestellt ist (RFH. 9 197). Befreiung auch für einmalige Kapitalzuwendungen, auch für solche, die die Ausbildung des Bedachten für spätere Zeit sicherstellen sollen; es muß jedoch Anlaß dazu vorliegen. Dieser ist nicht anzuerkennen, wo die A. auch ohne die Zuwendung sichergestellt ist, z. B. durch die Vermögensverhältnisse der Eltern bedachter unmündiger Kinder (RFH. 3 223 und 9 197); Befreiung für Kapitalzuwendungen auch nicht gegeben, wenn die Ausbildung mit Zuwendung des Zinsgenusses des Kapitals zu erreichen war (RFH. 26. März 1921 — Ia A 30/20 —, zweifelhaft). — Über die Behandlung einer einheitlichen Zuwendung zum Unterhalt und zur Ausbildung: RFH. 8 129. — Auch für Ausbildungszuwendungen ist Erfordernis unmittelbare Zuwendung an den, dessen A. gefördert werden soll (RFH. 12. April 1921 — Ia A 7/21 —).

20. Anlaß für Gewährung von Ruhegehalt muß gegeben sein, z. B. lange Dienstzeit, wenn in absehbarer Zeit damit zu rechnen ist, daß Bedachter seinen Lebensunterhalt durch eigene Arbeit nicht ausreichend wird bestreiten können, weil etwa wegen hohen Alters oder Kränklichkeit des Bedachten oder des Dienstherrn mit Aufhören des Arbeitsverdienstes zu rechnen und dem Bedachten das Aufsuchen anderen Dienstes dann nicht mehr zuzumuten ist (RFH. 20. Sept. 1922 — VI A 156/22 —).

21. Unterstützungen, Vergütung von Krankheitskosten und dergl.

22. Erfüllung vertraglich, etwa laut Gründungsstatut, übernommener Verpflichtung zur Zahlung von Zuschüssen an Pensionskassen und dergl. ist keine Zuwendung (Anm. 1 zu § 3); ebenso nicht bloße Absonderung eines Vermögensteils und dessen weitere Verwaltung durch den Betriebsinhaber (RFH. 7 177). — Rechtsfähigkeit der Kassen wird nicht gefordert, Zweckzuwendung (Errichtung „unselbständiger Stiftung") genügt, aber wirkliche Zweckzuwendung vorausgesetzt (vergl. § 4) (RFH. 21. Juni 1922 — VI A 146/22 —). — Keine Steuerfreiheit bei Zuwendung einer Firma an einen von ihr und anderen Firmen errichteten Pensionsverein (RFH. 14. Febr. 1923 — VI A 11/23 —, RStBl. S. 400). — „des eigenen Betriebs", also nicht z. B. bei Zuwendung eines Aktionärs oder Werkdirektors an die Arbeiterkasse des Gesellschaftsunternehmens; ausreichend aber wohl, falls Aktionär den wesentlichen Teil des Aktienkapitals besitzt (zweifelhaft nach dem Wortlaut des Gesetzes).

23. „Üblich“ = ein Geschenk, das sich im Rahmen dessen hält, was bei Gelegenheiten der in Betracht stehenden Art in den Kreisen der Beteiligten hingegeben zu werden pflegt (RFH. 14. Juni 1922 — VI A 60/22 —). — „Gelegenheit“: z. B. Hochzeits-, Jubiläums-, Weihnachtsgeschenk. — Kein übliches G: Zuwendung an Sohn, um ihm Vergünstigungen beim Wareneinkauf zu sichern (RFH. 20. Sept. 1922 — VI A 148/22 —). — Auch Zweckzuwendungen können als übliche G. angesehen werden (RFH. **12** 39).

24. Auch im Falle gesetzlicher Erbfolge des Fiskus (§ 1936 BGB.), daher hier „Anfälle“.

25. Zuwendungen an Gemeinden bisher 5 v. H. Steuer (§ 23 Abs. 1 Nr. 1); solche zu Zwecken einer Gemeinde bisher überhaupt nicht begünstigt. — „Gemeinde“ = politische Gemeinde. — Obwohl für Zweckzuwendungen Sicherung der Verwendung zu dem Zweck nicht vorgeschrieben (vergl. dagegen Nr. 18 Abs. 1 a. E. und Nr. 19 b a. E.), wird sie ähnlich wie dort zu verlangen sein.

26. Entscheidung über die Voraussetzungen der Befreiung im Veranlagungs- (Rechtsmittel-) Verfahren wie bei Nr. 18, 19.

27. Auch die zu ihrer Vertretung berufenen hohen Stellen, wie bischöfliche Stühle usw. — Zuwendung an Kirche zu einem bestimmten, ihr auch obliegenden Zweck [z. B. zur Waisenpflege] ist Zweckzuwendung und daher nach dem 2. Teil des Abs. 1 der Vorschrift zu beurteilen (RFH. **1** 20).

28. Klöster (Ordensgenossenschaften) können hierunter fallen, wenn sie ausschließlich seelsorglich tätig sind; wenn nicht, kann (soweit nicht nur Selbstheiligung ihr Zweck ist) Mildtätigkeit oder Gemeinnützigkeit (Nr. 19) in Frage kommen.

29. Zuwendung zur Besoldung von Lehrern und Beamten jüdischer Kultusgemeinden fällt hierunter (RFH. 18. Okt. 1922 — VI A 54/22 —). — Zuwendungen zum sog. Peterspfennig werden (im Billigkeitswege) steuerfrei behandelt: RFM. 13. Dez. 1920 — III a 7447 —.

30. Zum Begriff der Zweckzuwendung s. zu § 4. — Zweckbestimmung muß, um Befreiung zu bewirken, vom Erblasser angeordnet sein; tatsächliche Verwendung zu begünstigtem Zweck genügt nicht (RFH. **1** 10).

31. „An die Sicherung der Verwendung sind nicht zu große Anforderungen zu stellen“ (Mirre S. 134 Anm. 46). Formale Kriterien deshalb zu vermeiden, im Einzelfalle Anpassung an die gegebenen Verhältnisse ohne besondere Pflicht der Steuerbehörde zur Nachprüfung der Verwendung einer Zuwendung auf weitere Zeit hinaus. Sinn der Vorschrift ist, ohne Engherzigkeit zu prüfen, ob die Verwendung der Zuwendung nach ihren Zwecken und gemäß ihrem sonstigen Inhalt sicher zu erwarten steht. Hat der Erblasser die Ausführung dadurch sichergestellt, daß er einen inländischen Testamentsvollstrecker mit der Ausführung betraut hat, so genügt dies; ebenso wenn der Erblasser den mit der Zweckzuwendung Beschwerten offenbar mit Rücksicht darauf ausgesucht hat, daß er nach seiner Persönlichkeit die bestimmungsgemäße Ausführung gewährleistet, so wird das hinreichend sein (z. B. angesehener Verein [RFH. **1** 57], Treuhandgesellschaft, Bank, Notar, Rechtsanwalt, auch angesehener Kaufmann als Testamentsvollstrecker oder Beschwerter). Vergl. K. Anm. **4** c, e § 35.

32. Über den Begriff der Mildtätigkeit und Gemeinnützigkeit s. VO. v. 22. April 1922 (RZBl. S. 181; RStBl. S. 152). Für die ErbSt. ist darüber hinaus ausschließliche Verfolgung mildtätiger und gemeinnütziger Zwecke erforderlich. — Nicht mildtätig (gemeinnützig): Familienstiftungen, weil unmittelbarer Nutzen für die Allgemeinheit mangelt (RFH. 17. Mai 1922 — VI A 116/22 —); ferner nicht Vereine, die infolge strenger Aufnahmebedingungen einen auf bestimmte Personen beschränkten Kreis darstellen und deren Mittel lediglich den Mitgliedern und ihren Angehörigen zugute kommen (RFH. 31. Mai 1922 — VI A 188/21 — auf eine Loge); auch nicht ein von mehreren Firmen errichteter Pensionsverein für die Arbeiter und Angestellten dieser Firmen (RFH. 14. Febr. 1923 — VI A 11/23 —, RStBl. S. 400). — Kunstgewerbeverein mit Verkaufsvermittlung als ausschließlich gemeinnützig anerkannt, weil Ertragsüberschuß satzungsgemäß gemeinnützigem Zweck (Förderung des Kunsthandwerks) dient: RFH. **8** 339.

32a. „Es genügt, wenn die Zwecke im Deutschen Reich verwirklicht werden sollen, wie auch wenn sie dem Deutschen Reiche (oder deutschen Reichsangehörigen im Ausland) förderlich sind" (Mirre S. 141 Anm. 7).

33. s. oben zu Anm. **26**, 30, 31.

34. „einzelne Familien", „bestimmte Personen" sind vom Zuwendenden individuell bezeichnete Familien oder Personen, nicht Personenkreise, aus denen die Berechtigten erst zu bestimmen sind (RFH. 11. Febr. 1920 — II A 370/19 —).

35. z. B. Zuwendung zur jährlichen Grabschmückung, Meßstipendien und dergl.

36. s. Anm. **11** zu § 3 und oben Anm. 18.

37. Für das Nebeneinander von § 21 Nrn. 1 bis 3 und 4 s. RFH. **11** 333; oben Anm. 1.

38. Zu § 21 allgemein: Steuerfreiheit ist außerhalb des Ges. noch zugestanden:

a) für Sparprämienanleihe in gewissem Umfang nach der Bek. d. RFM. v. November 1919 (RFBl. S. 38); s. dazu RFH. **5** 2;

b) für Schuldverschreibungen und Schatzanweisungen der wertbeständigen Anleihe des Reichs nach § 1 Abs. 2 d. Ges. v. 14. Aug. 1923 (RGBl. I S. 777), falls sie selbst gezeichnet oder bis zum 15. Mai 1924 erworben sind;

c) für Ansprüche und Entschädigungen auf Grund der Gewaltschädengesetze nach der VO. des RFM. v. 2. Juli 1923 (RGBl. I S. 613) beim Anfall an Abkömmlinge und Eltern des Erblassers.

Steuerfreiheit kann ferner in Einzelfällen zugestanden werden auf Grund der allgemeinen Härteausgleichungsvorschrift des § 108 AO. Sie gestattet innerhalb ihres Rahmens Befreiungen auch außerhalb der Fälle des § 21. Verfahren dieserhalb das zu § 108 AO. vorgeschriebene, nicht das übliche Veranlagungsverfahren wie in den Fällen des § 21 (oben Anm. 26).

§§ 22, 23

fallen aus: Art. III § 1 Nr. 8 NV.

[Aufgegangen in § 21.]

§ 24.

(1) Beiträge an eine Personenvereinigung, die nicht lediglich die Förderung ihrer Mitglieder zum Zwecke hat, sind steuerfrei, soweit die von einer Person dieser Personenvereinigung geleisteten Beiträge in einem Kalenderjahre 50 Goldmark nicht übersteigen.[1]) Auf Beiträge an eine Personenvereinigung, die ausschließlich kirchliche, mildtätige oder gemeinnützige Zwecke verfolgt, finden die Vorschriften des § 21 Abs. 1 Nr. 18, 19 Anwendung.[2])

(2) **Beiträge und Zuwendungen an eine politische Vereinigung sind steuerfrei, soweit die von einer Person dieser Vereinigung geleisteten Beiträge und Zuwendungen in einem Kalenderjahr insgesamt 100 Goldmark nicht übersteigen. Soweit sie insgesamt den Betrag von 100 Goldmark in einem Jahr übersteigen, werden sie mit 5 vom Hundert besteuert.**[3])

1. Durch Art. III § 1 Nr. 9 NV. aus dem bisherigen § 22 Nr. 17 hierher übernommen. — Beiträge an solche Vereinigungen sind grundsätzlich freigebige Zuwendungen (s. Anm. 1 zu § 3); Beiträge an Vereine, die lediglich die Interessen ihrer Mitglieder fördern (z. B. Standesvereine), gelten als Gegenleistung für die vom Verein gebotenen Vorteile. — Durch die Herausnahme aus § 21 (neu) wird die Vorschrift als Sondervorschrift charakterisiert; § 21 Abs. 1 Nr. 3 findet bei § 24 keine Anwendung.

2. Bei der Unabhängigkeit des § 24 von § 21 nötig, um Schlechterstellung von Beiträgen gegenüber reinen Zuwendungen zu vermeiden.

3. s. Anm. 1 am Ende.

§ 25.

Wenn Personen der Steuerklassen I oder II Vermögen anfällt, das in den letzten fünf Jahren vor dem Anfall von Per-

sonen der gleichen Steuerklassen erworben worden ist und der Besteuerung nach diesem Gesetz unterlegen hat, so bleibt der auf dieses Vermögen entfallende Steuerbetrag zur Hälfte, und wenn der frühere Steuerfall mehr als fünf Jahre, aber nicht mehr als zehn Jahre hinter dem späteren zurückliegt, zu einem Viertel unerhoben.

II. Teil.

Veranlagung und Erhebung.

1. Steuererklärung.

§ 26.

(1) Jeder der Erbschaftssteuer unterliegende Erwerb ist vom Erwerber, bei einer Zweckzuwendung vom Beschwerten binnen einer Frist von drei Monaten nach erlangter Kenntnis von dem Anfall oder von dem Eintritt der Verpflichtung dem Finanzamt anzumelden.

(2) Erfolgt der steuerpflichtige Erwerb durch ein Rechtsgeschäft unter Lebenden, so ist zur Anmeldung auch derjenige verpflichtet, aus dessen Vermögen der Erwerb stammt.

(3) Einer Anmeldung bedarf es nicht, wenn der Erwerb auf einer von einem deutschen Gericht oder einem deutschen Notar eröffneten Verfügung von Todes wegen beruht und sich aus der Verfügung das Verhältnis des Erwerbers zum Erblasser unzweifelhaft ergibt. Das gleiche gilt, wenn eine Schenkung unter Lebenden oder eine Zweckzuwendung gerichtlich oder notariell beurkundet ist.

§ 27.

(1) In den Fällen des § 26 kann das Finanzamt von den zur Anmeldung Verpflichteten innerhalb einer von ihm zu bestimmenden Frist die Abgabe einer Erklärung verlangen.[1]) Die Frist muß mindestens einen Monat betragen.[2])

(2) Die Erklärung hat ein Verzeichnis der zum Nachlaß gehörenden Gegenstände und die sonstigen für die Feststellung des Gegenstandes und des Wertes des Erwerbes erforderlichen Angaben nach näherer Bestimmung des Reichsministers der Finanzen zu enthalten.

1. Durch die Beschränkung auf den (nach § 26) zur Anmeldung Verpflichteten wird die Verpflichtung nach § 169 Abs. 2 AO., wonach zur Abgabe einer Steuererklärung jeder verpflichtet ist, bei dem nach Ermessen des Finanzamts die Möglichkeit einer Steuerpflicht gegeben ist, nicht eingeschränkt (RFH. 22. Dez. 1921 — I a A 195/21 —).

2. Bei verspäteter Abgabe der Steuererklärung kann das FA. — abgesehen von entschuldbarer Versäumnis — einen Zuschlag bis zu 10 v. H. des endgültigen Steuerbetrags auferlegen. Im übrigen s. §§ 168 ff., 356 ff. AO. und § 46 des Ges.

2. Pflichten Dritter.

§ 28.

(1) Dem Finanzamt haben von Amts wegen mitzuteilen

1. die Standesämter: die Sterbefälle;
2. die Gerichte: Erbscheine, Todeserklärungen, die sie ausgesprochen haben, und die von ihnen angeordneten Nachlaßpflegschaften;
3. die Gerichte und die Notare: die Vornahme von Erbauseinandersetzungen.

(2) Gerichte, Notare und andere zur Beurkundung von Grundstücksverträgen zuständige Beamte haben beglaubigte Abschriften der von ihnen eröffneten Verfügungen von Todes wegen und beurkundeten Schenkungen und Zweckzuwendungen zu übersenden. Die Verpflichtung bezieht sich auch auf Geschäfte, die sachlich eine Schenkung enthalten.[1])

1. Die FA. haben für auf ihren Antrag aus Notariats- oder Gerichtsakten gefertigte Abschriften Schreibgebühren nicht zu entrichten (RG. 3. Nov. 1922, RStBl. 1923 S. 130); für von Amts wegen zu erteilende selbstverständlich nicht.

§ 29.

(1) Wer sich geschäftsmäßig mit der Verwahrung oder Verwaltung fremden Vermögens befaßt, ist verpflichtet, Vermögen des Erblassers, das sich in seinem Gewahrsam [1]) befindet, und Vermögen, das bei ihm zur Verfügung des Erblassers hinterlegt ist, binnen einem Monat, nachdem er von dem Eintritt des Erbfalls Kenntnis erlangt hat, dem Finanzamt nach näherer Bestimmung des Reichsministers der Finanzen anzumelden.[2])[3]) Soweit nach der mit einem ausländischen Staate getroffenen Vereinbarung die zum Nachlaß eines Angehörigen dieses Staates

gehörenden Vermögensgegenstände seinem konsularischen Vertreter auszuantworten sind, hat die Anmeldung spätestens gleichzeitig mit der Ausantwortung zu erfolgen.

(2) Dem Finanzamt ist ferner seitens derjenigen, die auf den Namen lautende Aktien oder Schuldverschreibungen ausgegeben haben, bevor sie die auf den Namen des Erblassers gestellten Wertpapiere nach Eintritt des ihnen bekannt gewordenen Erbfalls in ihren Büchern auf den Namen einer anderen Person umschreiben, von der beantragten Umschreibung schriftlich oder zu Protokoll Mitteilung zu machen.

1. Auch Barguthaben (RFH. 3 246).

2. Anmeldungspflicht zurzeit beschränkt auf Vermögen über 100 Goldmark (RFM. 17. Nov. 1923 — III C 12905 —, RStBl. S. 441).

3. Voraussetzung der Anmeldepflicht ist Geschäftsmäßigkeit der Verwahrung oder Verwaltung und ferner Gewahrsam (s. Anm. 9 zu § 18) am Vermögen des Erblassers. Vergl. K. Anm. 2, 3 zu § 59, auch wegen der Meldepflicht der Notare.

§ 30.

Versicherungsunternehmungen [1]) sind verpflichtet, bevor sie Versicherungssummen oder Leibrenten an einen anderen als den Versicherungsnehmer auszahlen, dem Finanzamt den wesentlichen Inhalt des Versicherungsvertrags und die Person des Empfangsberechtigten nach Name, Stand und Wohnung mitzuteilen. [2])

1. Allgemein, nicht nur Lebensversicherungsunternehmungen. — Begriff s. Anm. 7 zu § 18.

2. Zur Auslegung sind ergangen: RFM. 13. Okt. 1920 — III a 5329 — (RStBl. S. 609); 12. März 1921 — III a 1630 — (RStBl. S. 172); 25. Juni 1921 — III V 4236 — (RStBl. S. 295) [sämtlich mit Bezug auf § 60 ErbStG. 1919, aber auch hier verwendbar]: Mitteilungspflicht ist unabhängig von der Frage, ob die Versicherungssumme zum Nachlaß gehört; besteht auch bei Abtretung der Rechte aus dem Versicherungsvertrag beim Tode des Zedenten; nicht bei bloßer Rückzahlung der Prämien, Prämienreserve oder des Rückkaufswerts; jedoch bei „Unfallversicherung mit Prämienrückgewähr". Beschränkung der Mitteilungspflicht wie zu § 29 Anm. 2.

3. Wertfeststellung.

§ 31.

Für die Ermittlung des Wertes des Anfalls ist, soweit in diesem Gesetze nichts anderes bestimmt ist, [1]) der Zeitpunkt des Entstehens der Steuerschuld maßgebend. [2])

1. s. § 37 Abs. 1 Satz 2.

2. § 18 Abs. 1. — Nach dem Anfall eingetretene Umstände sind grundsätzlich unbeachtlich; dem steht nicht die Möglichkeit entgegen, aus ihnen Schlüsse für den Wert am Tag des Anfalls zu ziehen, z. B. aus Grundstücksverkaufspreis kurz nach dem Tode des Erblassers (RFH. 17. Mai 1922 — VI A 115/22 —).

§ 32.

(1) Für die Bewertung von Vermögen finden die Grundsätze des Vermögensteuergesetzes [1]) entsprechende Anwendung.[2]) Der Reichsminister der Finanzen erläßt mit Zustimmung des Reichsrats die näheren Bestimmungen.

(2) Bei Erwerben, für welche die Steuerschuld in der Zeit zwischen dem 1. Juli 1923 und dem 31. Dezember 1924 entsteht, sind die Bestimmungen des Artikels II § 2 Satz 1, § 3 dieser Verordnung [2a]) über die Wertermittlung bei der Vermögensteuerveranlagung für das Kalenderjahr 1924, unbeschadet des späteren Inkrafttretens dieser Bestimmungen, entsprechend anzuwenden; [3]) Artikel II § 3 Abs. 1 Nr. 5 Satz 2 gilt nicht.[4]) Die näheren Bestimmungen erläßt der Reichsminister der Finanzen.

1. Vermögensteuergesetz vom 8. April 1922 (RGBl. I S. 335) in der Fassung des Art. II §§ 1 bis 3 NV.

2. Daneben natürlich die Grundsätze der AO. (§§ 137 ff.), soweit die des Vermögensteuergesetzes nicht entgegenstehen (§ 1 Abs. 3 AO.).

2a. d. h. der Zweiten Steuer-Notverordnung.

3. Danach gilt im wesentlichen folgendes für die Bewertung: Das Vermögen wird in Goldmark bewertet. Für Grundstücke: Wehrbeitragswert nach Berichtigung auf Grund noch zu erwartender allgemeiner Bestimmungen des RFM.; für Betriebsvermögen, und zwar für Anlagekapital: Preis, der Ende 1913 zur Anschaffung oder Herstellung aufzuwenden gewesen wäre, abzüglich angemessenen Betrags für Abnutzung; für Vorräte an Rohstoffen, Halb- und Fertigfabrikaten sowie Waren: Preis, der zur Anschaffung oder Herstellung am Stichtag (s. § 31) aufzuwenden gewesen wäre; für Wertpapiere: Kurswert oder ermittelter Verkaufswert am Stichtag; für Zahlungsmittel und Forderungen in ausländischer Währung: laufender Kurs am Stichtag; Umrechnung der Preise oder Werte in Goldmark nach dem laufenden Kurs (Mittelkurs) des Dollars an der Berliner Börse am Stichtag.

4. Anteile an inländischen Erwerbsgesellschaften (§ 11 Abs. 3 KörpStG.) und Genußscheine solcher sind also in vollem Werte — nicht nur mit der Hälfte wie zur VermSt. — anzusetzen.

4. Steuerfestsetzung.

§ 33.

(1) Das Finanzamt stellt die Steuer fest und erteilt einen schriftlichen Steuerbescheid.[1])

(2) Die Steuer ist nach dem Goldwert zu leisten.[2])

1. Nur ein förmlicher Steuerbescheid nach Maßgabe der AusfBest. kann die Steuerforderung mit allen Folgen begründen (RFH. 25. Febr. 1921 — I a A 15/21 —). — Vorläufige Steuerbescheide s. § 34 des Ges. und § 82 AO.

2. Nach Art. XVI § 6 NV. werden als Zahlungsmittel angenommen: Rentenmark und Goldanleihe nach näherer Bestimmung des RFM., Banknoten, Reichskassenscheine, Darlehnskassenscheine nach dem Goldumrechnungssatz für Reichssteuern am Tage der Zahlung oder Beitreibung; nach besonderer Zulassung oder Anordnung durch RFM.: deutsche Gold- oder Silbermünzen und ausländische Zahlungsmittel. — Bei verspäteter Zahlung werden Verzugszuschläge nach Maßgabe des Art. XVIII § 1 NV. fällig (für jeden angefangenen halben Monat nach Fälligkeit der Steuerschuld (zurzeit) 5 v. H. des Rückstands); soweit Verzugszuschlag erhoben, entfallen Verzugszinsen nach § 104 AO. — Über Stundung s. § 105 Abs. 2 AO. und §§ 40 ff. des Ges. — Die im bisherigen § 33 Abs. 2 enthaltene Bestimmung einer Verzinsung des Steuerbetrags nach Ablauf von drei Monaten nach dem Tage der Entstehung der Schuld (Todestag usw., § 18 Abs. 1) ist fortgefallen. — Annahme von RSchatzanweisungen an Zahlungs Statt: VO. 31. Aug. 1923 (RMBl. S. 933).

§ 34.

Auf Grund der Steuererklärung ist der ihr entsprechende Betrag der Steuer als vorläufige Zahlung zu entrichten. Das Finanzamt setzt die vorläufige Zahlung fest; sie ist binnen einem Monat nach der Zustellung des Steuerbescheids [1]) fällig.

1. Bisher „Feststellungsbescheids“; sachlich keine Änderung.

§ 35.

Für die Berechnung der Steuer wird der steuerpflichtige Betrag [1]) auf volle zehn Goldmark nach unten abgerundet.[2])

1. = Bereicherung des einzelnen Erwerbers (§ 10 Abs. 4).

2. Die Abrundung des Steuerbetrags regelt die Abrundungsverordnung v. 31. Okt. 1923 (RGBl. I S. 1049).

§ 36.

Steuern, die von dem Kapitalwerte von Renten oder anderen wiederkehrenden Nutzungen oder Leistungen zu entrichten sind, können nach Wahl des Steuerpflichtigen statt vom Kapitalwerte jährlich im voraus von dem Jahreswert entrichtet werden. Die Steuer wird in diesem Falle von dem Hundertsatz erhoben, der sich nach § 10 für den gesamten Kapitalbetrag ergibt.[1])

1. Es wird zunächst der Kapitalwert der Rente nach §§ 144 ff. AO. berechnet; der nach der Höhe des Kapitalwerts nach §§ 9, 10 des Ges. zu erhebende Steuersatz ist jährlich vom Jahreswert der Rente zu entrichten; bei Anfall von noch anderem Vermögen ist der Steuersatz für den Gesamtanfall (§ 10 Abs. 4) maßgebend. Steuerzahlung für den Rentenanfall bis zum Tode des Berechtigten oder dem früheren Erlöschen der Rente.

§ 37.

(1) Beim Erwerbe von Vermögen, dessen Nutzung einem anderen als dem Steuerpflichtigen zusteht,[1]) kann der Pflichtige verlangen,[2]) daß die Versteuerung bis zum Erlöschen des Nutzungsrechts ausgesetzt bleibt. In diesem Falle erfolgt die Versteuerung nach dem Werte des Vermögens zur Zeit des Erlöschens des Nutzungsrechts.[3]) Auf Verlangen des Finanzamts hat der Steuerpflichtige für die Steuer Sicherheit zu leisten.

(2) Geht in dem Falle des Abs. 1 das mit dem Nutzungsrechte belastete Vermögen vor dem Erlöschen des Nutzungsrechts durch Erbfolge auf einen anderen über, so wird die Steuer für diesen Übergang nicht erhoben, vielmehr tritt die gleiche Behandlung ein, wie wenn derjenige, dem das Vermögen zur Zeit des Erlöschens gehört, das Vermögen unmittelbar von dem ursprünglichen Erblasser erworben hätte.

1. Nicht bei Belastung mit gesetzlicher Nutzung.

2. Antrag bis zur Erledigung des Steuerfalls, selbst nach Wegfall der Nutzung, zulässig (RFH. 8 328). — Nur mit Zustimmung des FA. rücknehmbar.

3. Anfall, Entstehung der Steuerschuld (§ 18 Abs. 1) an sich schon beim Tode des Erblassers eingetreten (s. Abs. 2 a. E.), wenngleich Bewertung nach den Verhältnissen bei Erlöschen der Nutzung. (RFH. 8 328 zu dem im wesentlichen Punkte andерslautenden § 26 Abs. 2 Ges. 1906 spricht von „völliger Verschiebung der Steuerpflicht"; zweifelhaft wegen des verschiedenen Wortlauts der Vorschriften, ob Entscheidung ohne weiteres für § 37 maßgebend.) — Der Nutzungsberechtigte hat den Wert der Nutzung gleich beim Anfall zu versteuern. Dieser Wert wird, wenn Aussetzung der Versteuerung des Substanzerwerbs gewährt ist, bei der späteren Versteuerung dieses Erwerbs nicht abgezogen.

§ 38.

Das Landesfinanzamt ist ermächtigt, auf Antrag der Steuerpflichtigen von der genauen Ermittlung des steuerpflichtigen Vermögens und der Vorlegung eines Verzeichnisses ganz oder zum Teil abzusehen und einen Pauschbetrag für die Steuer anzunehmen, auch die Pauschversteuerung in solchen Fällen, in denen die Versteuerung andernfalls noch ausgesetzt sein müßte, zu gestatten.[1] [2])

1. Auf den Antrag kann das LFA. die Pauschversteuerung nur im Einvernehmen mit dem Steuerpflichtigen, nicht nach einseitigem Befinden normieren. Gleichwohl obrigkeitlicher Akt der Pauschalierung des LFA., alsdann beiderseitig bindend. Näher K. Anm. 2 bis 4 § 61. Die Schätzung durch das FA. über die Besteuerungsgrundlagen nach § 210 AO. ist von der Pauschalierung der Steuer nach § 38 ErbStG. durch das LFA. zu unterscheiden.

2. Gegen Ablehnung des Antrags Beschwerde an RFM. (§ 281 AO.).

§ 39.

Sind bei der Erteilung des Steuerbescheids abzugsfähige Verbindlichkeiten nicht berücksichtigt worden, weil sie dem Steuerpflichtigen unbekannt waren, so kann er bis zum Ablauf von fünf Jahren seit der Veranlagung Berichtigung des Steuerbescheids beantragen.[1])

1. § 214 AO.

5. Stundung.

§ 40.

Soweit die Steuerpflicht sich auf Grundstücke bezieht,[1]) ist dem Steuerpflichtigen, nötigenfalls gegen ausreichende Sicherung, nach Maßgabe des von ihm gestellten Antrags die Zahlung der Steuer in höchstens zehn Jahresbeträgen zu gestatten, sofern nicht seine Vermögensverhältnisse eine mit sofortiger Einziehung der Steuer verbundene Härte ausschließen. Die Stundungsbewilligung kann zurückgenommen werden, wenn die Voraussetzung der Stundung wegfällt. Als ausreichende Sicherheitsleistung gilt die Eintragung einer Sicherungshypothek für die Steuerforderung auf die Grundstücke, sofern der Hypothek andere als die zur Zeit des Anfalls bestehenden Rechte nicht vorgehen. Soweit die Bestellung einer Hypothek an einem Grundstück in der Art zulässig ist, daß Befriedigung aus dem

Grundstücke lediglich im Wege der Zwangsverwaltung gesucht werden kann, genügt die Bestellung einer solchen Hypothek.

1. Daneben allgemein § 105 Abs. 2 AO. als lex generalis.

§ 41.

(1) Soweit das steuerbare Vermögen aus Grundstücken besteht, ist auf Antrag des Steuerpflichtigen zu gestatten, daß zum Zwecke der Befriedigung wegen des auf die Grundstücke entfallenden Teiles der Steuer während eines Zeitraums von höchstens zwanzig Jahren jährlich ein gleicher Geldbetrag (Tilgungsrente) entrichtet und hierfür an den Grundstücken eine Grundschuld bestellt wird. Die näheren Bestimmungen erläßt der Reichsminister der Finanzen mit Zustimmung des Reichsrats.

(2) Ist der Vermögenswert nach Nutzungen oder Leistungen berechnet, so ist die Tilgungsrente durch so viele Jahre zu entrichten, als dem bei der Berechnung der Steuer angenommenen Vielfachen des Wertes der einjährigen Nutzung oder Leistung entspricht.[1])[2])

(3) Diese Vorschriften finden keine Anwendung, sofern der Grundschuld andere als die zur Zeit des Eintritts der Steuerpflicht bestehenden Rechte vorgehen würden.

1. Vergl. K. Anm. 3 § 64, dazu § 145 AO.
2. Tabelle zur Berechnung der Tilgungsrente s. S. 49.

§ 42.

(1) Unterliegen die Grundstücke innerhalb des Zeitraums, während dessen die Tilgungsrente zu zahlen ist, von neuem einer Veranlagung, so kann zum Zwecke der Befriedigung wegen der infolge des weiteren Steuerfalls geschuldeten Steuer auf Antrag des Steuerpflichtigen eine neue, den Vorschriften des § 41 entsprechende Grundschuld in der Art bestellt werden, daß die Verpflichtung zur Zahlung der Rente der späteren Grundschuld nicht vor Ablauf eines Jahres nach Fälligkeit der letzten Rentenzahlung aus der vorhergehenden Grundschuld beginnt.[1])

(2) Die Vorschrift des Abs. 1 findet keine Anwendung, wenn die Grundstücke innerhalb des bezeichneten Zeitraums gegen Entgelt an andere Personen als solche der Steuerklassen I und II veräußert worden sind.[2])

Berechnung

der Tilgungsrente für 10 000 ℳ Steuer nach § 41 des Erbschaftssteuergesetzes.

Anzahl der Zahlungen (wobei die erste Zahlung sofort zu leisten ist)	Jährliche Tilgungsrente ℳ
1.	10 000,00
2.	5 121,95
3.	3 497,22
4.	2 685,83
5.	2 199,76
6.	1 876,36
7.	1 645,90
8.	1 473,54
9.	1 339,91
10.	1 233,38
11.	1 146,56
12.	1 074,53
13.	1 013,86
14.	962,13
15.	917,55
16.	878,76
17.	844,75
18.	814,73
19.	788,05
20.	764,22

Beispiel: 8 475 ℳ Steuern sollen auf 8 Jahre verteilt werden.

Jährliche Rente

$$\frac{1\,473{,}52 \,.\, 8\,475}{10\,000} = 1\,248{,}83 \text{ ℳ}.$$

1. Die Vergünstigung liegt in der Hinausschiebung der Zahlungspflicht der zweiten Tilgungsrente.

2. Gemischte Schenkung wird nicht als Veräußerung im Sinne der Vorschrift anzusehen sein.

§ 43.

(1) Der noch nicht getilgte Betrag des Kapitals der Grundschuld kann von dem Eigentümer der Grundstücke jederzeit gezahlt werden. Dem Finanzamt steht eine Kündigung nicht zu.

(2) Die Zahlung des Kapitals und der anderen Leistungen (§§ 41, 42) hat an die von dem Landesfinanzamt bestimmte Stelle zu erfolgen.

§ 44.

Ist das Grundbuch noch nicht als angelegt anzusehen, so ist in den Fällen des § 41 auf Antrag des Steuerpflichtigen zu gestatten, daß die Steuerschuld durch die dort bezeichneten Geldleistungen getilgt wird, sofern hierfür an den Grundstücken eine Sicherungshypothek bestellt wird, der andere als die zur Zeit des Anfalls bestehenden Rechte nicht vorgehen. Die Vorschrift des § 42 findet sinngemäße Anwendung.

6. Erstattung.

§ 45.

Die Steuer ist zu erstatten,[1])

1. soweit ein Geschenk wegen eines Rückforderungsrechts hat herausgegeben werden müssen; [2])
2. wenn die Herausgabe gemäß § 528 Abs. 1 Satz 2 des Bürgerlichen Gesetzbuchs abgewendet worden ist.

1. s. §§ 127, 130 AO. Andere Erstattungen ergeben sich als Folge der Berichtigung der Steuerfestsetzung nach § 76 Abs. 1 Nr. 2, § 212 Abs. 3, § 214 AO. Bei Ablehnung der Erstattung die üblichen Rechtsmittel § 223 AO. mit §§ 217 bis 219.

2. z. B. in den Fällen der §§ 528, 530, 1301, 2287, 2288, 2329 BGB., also bei nachträglicher Armut des Schenkers, Undank des Beschenkten, Rückforderung der Verlobungsgeschenke und Ehegeschenke, Rückforderungsrecht des Vertragserben oder Pflichtteilsberechtigten gegenüber Schenkungen des Erblassers.

III. Teil.

Strafvorschriften, Übergangs- und Schlußvorschriften.

§ 46.

Wer die nach diesem Gesetze zu entrichtende Steuer hinterzieht, wird mit einer Geldstrafe bis zum Zwanzigfachen der hinterzogenen Steuer bestraft. Neben der Geldstrafe kann auf Gefängnis erkannt werden.[1])

1. Im übrigen s. §§ 355 ff. AO. und dazu das Geldstrafengesetz. v. 27. April 1923 (RGBl. I S. 254) in der Fassung der VO. v. 23. Nov. 1923 (RGBl. I S. 1117) sowie Art. XV RV.

§ 47.

Die Vorschriften der Landesgesetze und Gemeindeordnungen, welche die Erhebung einer Abgabe von dem den Gegenstand der Erbschaftssteuer bildenden Erwerb oder von den über einen solchen Erwerb ausgestellten Urkunden betreffen, treten außer Kraft. Die Erhebung von Zuschlägen zu der auf Grund dieses Gesetzes erhobenen Steuer durch Länder, Gemeinden oder Gemeindeverbände ist unzulässig.[1])

1. s. auch § 2 Finanzausgleichsges. v. 23. Juni 1923 (RGBl. I S. 494).

§ 48 *)

materiell ersetzt durch nachstehende §§ 2, 3 der Zweiten Steuer-Notverordnung.

§ 2. Der Reichsminister der Finanzen wird ermächtigt, Bestimmungen zu erlassen, welche die beschleunigte Entrichtung der Erbschaftssteuer bezwecken.

§ 3. Die Bestimmungen des § 1[1]) treten mit Wirkung vom 1. Juli 1923 in Kraft; die bisherigen Vorschriften des Erbschaftssteuergesetzes bleiben für Erwerbe, für welche die Steuerschuld vor dem 1. Juli 1923 entstanden ist,[2]) maßgebend.[3])

---

*) § 48 Erbschaftssteuergesetzes lautet:

(1) Dieses Gesetz tritt mit Wirkung vom 1. Juli 1921 in Kraft.

(2) Die Steuerpflicht bestimmt sich nach den bisherigen Vorschriften, wenn der Erblasser vor dem 1. Juli 1921 verstorben ist. Im Falle

1. der NV., also alle durch die Notverordnung herbeigeführten und in der vorliegenden Gesamtfassung in Antiquadruck hervorgehobenen Änderungen des bisherigen Rechtszustandes.

2. Über Entstehung der Steuerschuld s. § 18 Abs. 1 Erläuterungen.

3. Über die für frühere Erwerbe geltenden Vorschriften s. Vorwort S. 3.

§ 49.

Die Ausführungsbestimmungen [1]) zu diesem Gesetz erläßt der Reichsminister der Finanzen mit Zustimmung des Reichsrats.

1. Es gelten zurzeit die AusfBest. vom 31. Jan. 1923 (RMBl. S. 151).

---

des § 9 Abs. 3 ist der Tod des überlebenden Ehegatten maßgebend.

(3) Ist ein nach diesem Gesetze steuerpflichtiger Rechtsvorgang bereits nach dem Gesetze von 1919 versteuert, so ist die gezahlte Steuer insoweit zu erstatten, als sie die nach diesem Gesetze zu entrichtende Steuer übersteigt.

(4) Im übrigen erläßt der Reichsminister der Finanzen die näheren Überleitungsbestimmungen; dabei ist insbesondere vorzusehen, daß auf Antrag der Steuerpflichtigen Familienstiftungen, die vor dem Tage der Verkündung dieses Gesetzes errichtet, und Vorerbschaften, die vor diesem Tage angefallen sind, nach den bisher geltenden Vorschriften besteuert werden.

§ 48 ist zwar formell nicht aufgehoben, aber für das Gesetz in der durch die NV. herbeigeführten Fassung völlig ohne Belang und wäre deshalb besser auch formell in der NV. beseitigt worden. Er leitete vom ErbStG. 1919 zum ErbStG. 1922 über; inzwischen erfolgte eine weitere Überleitung durch Art. VIII Abs. 1, 4 des Ges. über die Berücksichtigung der Geldentwertung in den Steuerges. v. 20. März 1923. Zu dem ErbStG. in der neuesten (vorliegenden) Fassung leiten die vorstehend abgedruckten §§ 2, 3 NV. über.

Durchführungsbestimmungen
über
die Bewertung des Vermögens und die beschleunigte Steuerentrichtung bei der Erbschaftssteuer
(Artikel III der Zweiten Steuernotverordnung)
(Erb.St.D.B.)
vom 28. März 1924.

Auf Grund von Artikel III § 1 Nr. 8, 11, § 2 und Artikel XIX § 6 der Zweiten Steuernotverordnung vom 19. Dezember 1923 (Reichsgesetzbl. I S. 1205) wird folgendes bestimmt:

A. Bewertung.

I. Allgemeines.

§ 1. (1) Die Bestimmungen der §§ 2 bis 11 gelten für die Veranlagung der Erwerbe, für welche die Steuerschuld in der Zeit zwischen dem 1. Juli 1923 und dem 31. Dezember 1924 entstanden ist oder entsteht.

(2) Soweit in den §§ 2 bis 11 nichts anderes bestimmt ist, gelten die Vorschriften der Reichsabgabenordnung.

Stichtag.

§ 2. Stichtag im Sinne dieser Bestimmungen ist der nach § 31 des Erbschaftssteuergesetzes für die Ermittlung des Wertes des Anfalls maßgebende Zeitpunkt.

Verhältnis der Goldmark zu anderen Rechnungseinheiten.

§ 3. (1) Ist ein für die Bewertung maßgebender Preis oder Wert in Papiermark oder in einer sonstigen nicht auf Goldmark lautenden Rechnungseinheit ausgedrückt, so ist er in Goldmark umzurechnen.

(2) Bei der Umrechnung von Papiermark in Goldmark ist, sofern der Stichtag in die Zeit vom 1. Juli bis zum 31. August 1923 fällt, der laufende Kurs (Mittelkurs) des Dollars an der Berliner Börse, sofern der Stichtag in die Zeit vom 1. September bis zum 19. November 1923 fällt, der Goldumrechnungssatz für Reichssteuern zugrunde zu legen, und sofern der Stichtag in die Zeit nach dem 19. No-

vember 1923 fällt, bis auf weiteres eine Billion Papiermark dem Werte einer Goldmark gleichzusetzen.

(3) Bei der Umrechnung von Rentenmark in Goldmark ist bis auf weiteres eine Rentenmark dem Werte einer Goldmark gleichzusetzen.

(4) Für die Umrechnung ausländischer Rechnungseinheiten in Goldmark ist der laufende Kurs (Mittelkurs) für Auszahlungen am Stichtage maßgebend. Werden ausländische Zahlungsmittel bestimmter Art in Deutschland amtlich nicht gehandelt, so ist der im freien Handel in Berlin gezahlte Preis zugrunde zu legen. Ist ein solcher nicht zu ermitteln, so ist der Preis an dem Markte zugrunde zu legen, der für den freien Handel in diesem Zahlungsmittel vorzugsweise in Betracht kommt.

II. Grundvermögen.

Inländische Grundstücke.

§ 4. (1) Inländische Grundstücke sind, soweit in Abs. 2 bis 4 nichts anderes bestimmt ist, bis auf weiteres nach Maßgabe der §§ 3 bis 25, 28, 29 der Durchführungsbestimmungen für die Vermögensteuer 1924 vom 8. März 1924 (Reichsministerialbl. S. 103) mit dem für den 31. Dezember 1923 festzustellenden Werte zu bewerten.

(2) Ist der tatsächliche Zustand des Grundstücks am Stichtag ein wesentlich anderer als am 31. Dezember 1923 (z. B. infolge Bebauung, Urbarmachung, Verkauf von Grundstücksteilen, Vernichtung durch Brand, Änderung der Verkehrslage), so finden die Durchführungsbestimmungen für die Vermögensteuer 1924 über die Zugrundelegung des Wehrbeitragswerts, die Berichtigung des Wehrbeitragswerts und die Abschläge vom Wehrbeitragswerte mit der Maßgabe entsprechende Anwendung, daß für die Berichtigung des Wehrbeitragswerts an Stelle der Verhältnisse am 31. Dezember 1923 die Verhältnisse am Stichtage zugrunde zu legen sind.

(3) Grundstücke, deren Wert durch ihre Lage als Bauland oder als Land zu Verkehrszwecken bestimmt ist, sind mit ihrem Verkaufswert am Stichtag anzusetzen.

(4) Bei Grundstücken, die dauernd landwirtschaftlichen oder gärtnerischen Zwecken zu dienen bestimmt sind, ist, sofern der Stichtag in die Zeit vom 1. Juli bis zum 31. Oktober 1923 fällt, von dem nach Abs. 1, 2 ermittelten Wert ein Abschlag zu machen, der beträgt bei Stichtagen in den Monaten

Juli und August . . . . 20 v. H.,
September und Oktober . . . . . . 10 v. H.

(5) Auf Berechtigungen, für welche die Vorschriften des bürgerlichen Rechtes über Grundstücke gelten, finden Abs. 1 bis 4 entsprechende Anwendung.

Ausländische Grundstücke.

§ 5. Ausländische Grundstücke sind nach den §§ 152 bis 154 der Reichsabgabenordnung zu bewerten.

III. Betriebsvermögen.

Anlagekapital.

§ 6. Auf die Bewertung von Anlagekapital finden die §§ 31, 32 der Durchführungsbestimmungen für die Vermögensteuer 1924 mit der Maßgabe entsprechende Anwendung, daß an die Stelle des 31. Dezember 1923 der Stichtag tritt.

Betriebskapital.

§ 7. (1) Betriebskapital ist, soweit es in Vorräten an Rohstoffen, Halbfabrikaten, Fertigfabrikaten sowie Waren besteht, mit dem Preise zu bewerten, der am Stichtage zur Anschaffung oder Herstellung des Gegenstandes aufzuwenden gewesen wäre. Fällt der Stichtag in die Zeit vom 1. Juli 1923 bis zum 31. März 1924, so kann der Steuerpflichtige verlangen, daß der Bewertung der Preis von Ende März 1924 zugrunde gelegt wird, wenn er niedriger ist als der Preis am Stichtag.

(2) Im übrigen findet § 33 Abs. 1, 3 der Durchführungsbestimmungen für die Vermögensteuer 1924 entsprechende Anwendung.

IV. Sonstiges Vermögen.

Allgemeines.

§ 8. Für die Bewertung des sonstigen Vermögens gelten, soweit im § 9 nichts anderes bestimmt ist, die Bestimmungen der §§ 36, 38 bis 43 der Durchführungsbestimmungen für die Vermögensteuer 1924 mit der Maßgabe, daß an die Stelle des 31. Dezember 1923 der Stichtag und in Fällen des § 39 außerdem an die Stelle des letzten Tages, an dem im Jahre 1923 ein Kurs- oder Verkaufswert zu ermitteln ist, der letzte Tag tritt, für den vor dem Stichtag ein solcher Wert feststellbar ist.

Wertpapiere.

§ 9. (1) Wertpapiere mit Ausnahme der unter Zugrundelegung ihres Papiermarknennbetrags zu bewertenden Schuldverschreibungen

(§ 38 der Durchführungsbestimmungen für die Vermögensteuer 1924) sind mit dem vollen für den Stichtag festzustellenden Kurs- oder Verkaufswert anzusetzen. Bei Wertpapieren mit inländischer Kursnotiz ist der Kurs an der Berliner Börse, in Ermangelung eines solchen der Kurs an der Börse zugrunde zu legen, die für den Handel in dem Wertpapiere vorzugsweise in Betracht kommt; entsprechendes gilt für den Verkaufswert von Wertpapieren ohne inländische Kursnotiz hinsichtlich des Marktes, an dem das Papier vorzugsweise gehandelt wird.

(2) Bei Erwerben, bei denen der Stichtag in die Zeit zwischen dem 1. Juli und dem 31. Dezember 1923 fällt, ist der Bewertung von Aktien, Kuxen und Genußscheinen der für die Vermögensteuer 1924 maßgebende volle (Abs. 1 Satz 1) Steuerkurswert oder Verkaufswert am 31. Dezember 1923 zugrunde zu legen, sofern der Kurs oder Verkaufswert am Stichtage nicht niedriger ist.

V. Schulden.

Allgemeines.

§ 10. Für die Bewertung der Schulden finden, soweit im § 11 nichts anderes bestimmt ist, die §§ 38, 40 der Durchführungsbestimmungen für die Vermögensteuer 1924 mit der Maßgabe entsprechende Anwendung, daß an die Stelle des 31. Dezember 1923 der Stichtag tritt.

Nachlaßverbindlichkeiten besonderer Art.

§ 11. Vom Erblasser herrührende laufende Verbindlichkeiten (z. B. Kosten der Krankheit des Erblassers, Versicherungsbeiträge, Mietzins, Kosten für Lebensmittel, Heizung, Licht, Lohn für Hausangestellte) sowie infolge des Erbfalls entstandene Nachlaßverbindlichkeiten der im § 12 Abs. 4 des Erbschaftssteuergesetzes genannten Art sind, wenn sie auf Papiermark lauten, mit dem für den Tag ihrer Bezahlung maßgebenden Umrechnungssatz in Goldmark umzurechnen; § 3 Abs. 2 findet entsprechende Anwendung.

B. Steuerbefreiung bei Kunstgegenständen und Sammlungen.

§ 12. (1) Kunstgegenstände oder Sammlungen, die nach dem 31. Dezember 1918 zu einem auf Papiermark lautenden Preis angeschafft worden sind (§ 21 Abs. 1 Nr. 5 des Erbschaftssteuergesetzes), sind von der Erbschaftssteuer befreit, wenn der Anschaffungspreis betragen hat

bei Anschaffungen in der Zeit vom	bei einzelnen Gegenständen	bei mehreren gleichartigen oder zusammengehörigen Gegenständen
	nicht mehr als Papiermark	
1. Januar 1919 bis 30. Juni 1922	80 000	800 000
1. Juli 1922 bis 31. Oktober 1922.	800 000	8 Millionen
1. November 1922 bis 30. April 1923 . .	6 Millionen	60 „
1. Mai 1923 bis 31. Juli 1923	100 „	1 Milliarde
1. August 1923 bis 30. September 1923	25 Milliarden	250 Milliarden
1. Oktober 1923 bis 31. Oktober 1923	8 Billionen	80 Billionen
1. November 1923 bis 19. November 1923 .	500 „	5 000 „
20. November 1923 bis auf weiteres	1 000 „	10 000 „

(2) Lautet der Anschaffungspreis auf eine ausländische Währung, so ist er nach dem am Tage der Anschaffung maßgebenden laufenden Kurse (Mittelkurs) der Berliner Börse für Auszahlungen in Papiermark umzurechnen.

C. Beschleunigte Steuerentrichtung.

§ 13. (1) Wird bei Erwerben von Todes wegen oder Zweckzuwendungen von Todes wegen die Steuererklärung nicht innerhalb der vom Finanzamt bestimmten Frist abgegeben, so ist eine Vorauszahlung in Höhe des Betrags zu entrichten, der sich als Erbschaftssteuer errechnet, wenn drei Viertel des zur letzten Vermögensteuerveranlagung festgesetzten Reinvermögens des Erblassers als Reinwert des Nachlasses zugrunde gelegt werden. Die Vorauszahlungspflicht entfällt, wenn das zur Vermögensteuerveranlagung festgesetzte Reinvermögen nicht mehr als 200 000 Goldmark beträgt.

(2) Das Finanzamt setzt die Vorauszahlung fest; sie ist binnen einem Monat nach der Zustellung des Vorauszahlungsbescheids fällig. Gegen diesen Bescheid ist nur die Beschwerde an das Landesfinanzamt (§§ 224, 281 der Reichsabgabenordnung) zulässig.

(3) Die Vorschrift des § 34 des Erbschaftssteuergesetzes über die Verpflichtung zu vorläufigen Zahlungen nach Abgabe der Steuererklärung bleibt unberührt; auf eine zu entrichtende vorläufige Zahlung ist eine nach Abs. 1, 2 bewirkte Vorauszahlung anzurechnen. Übersteigt der Betrag der vorläufigen Zahlung den der Vorauszahlung um nicht mehr als zehn vom Hundert, so hat die Festsetzung der vorläufigen Zahlung zu unterbleiben.

D. Überleitungs- und Schlußbestimmungen.

Zusammenrechnung mehrerer Erwerbe.

§ 14. (1) Zur Vereinfachung der Veranlagung werden nur in Goldmark zu bewertende Erwerbe auf Grund des § 17 des Erbschaftssteuergesetzes zusammengerechnet.

(2) Das gleiche gilt in den Fällen des § 24 des Erbschaftssteuergesetzes.

Anrechnung in Papiermark festgesetzter Steuerbeträge.

§ 15. Ist die Anrechnung entrichteter Erbschaftssteuer gesetzlich vorgeschrieben, so ist ein in Papiermark festgesetzter Steuerbetrag in Höhe des Goldwerts, den er am Tage der Zahlung gehabt hat, auf die neue Erbschaftssteuerschuld anzurechnen. § 3 Abs. 2 findet entsprechende Anwendung; ist der Steuerbetrag vor dem 1. Juli 1923 gezahlt worden, so ist der Berechnung des Goldwerts der laufende Kurs (Mittelkurs) des Dollars an der Berliner Börse zugrunde zu legen.

Zu § 9 Abs. 3 des Erbschaftssteuergesetzes.

§ 16. Für die Anwendung des Artikel III § 3 der Zweiten Steuernotverordnung ist im Falle des § 9 Abs. 3 des Erbschaftssteuergesetzes der Tod des überlebenden Ehegatten maßgebend.

Bisherige Veranlagungen und Steuerzahlungen.

§ 17. (1) Ist für einen den neuen Vorschriften unterliegenden Erwerb die Steuer bereits nach den bisherigen Vorschriften festgesetzt, so findet eine Neuveranlagung im Hinblick auf die Gesetzesänderung nur statt, wenn die Festsetzung am Tage der Veröffentlichung dieser Verordnung noch nicht rechtskräftig geworden oder die Neuveranlagung bei der Festsetzung vorbehalten worden ist. Entsprechendes gilt, wenn für einen den neuen Vorschriften unterliegenden Erwerb die Steuer bereits nach den neuen Vorschriften, aber unter Außerachtlassung dieser Durchführungsbestimmungen festgesetzt worden ist.

(2) Ist für einen Erwerb, für den nach Abs. 1 eine Neuveranlagung zulässig ist, Steuer bereits entrichtet, so ist sie in Höhe des Goldwerts, den sie am Tage der Zahlung gehabt hat, auf die nach den neuen Vorschriften und diesen Durchführungsbestimmungen festgesetzte Steuerschuld anzurechnen; das gleiche gilt, wenn für einen den neuen Vorschriften unterliegenden Erwerb Steuer ohne vorausgegangene Veranlagung bis zum 1. Dezember 1923 auf Grund des § 9 Abs. 2 der Durchführungsbestimmungen zur Aufwertungsverordnung vom 13. Oktober 1923 (Reichsgesetzbl. I S. 951) entrichtet worden ist. § 3 findet entsprechende Anwendung. Ein sich ergebender Mehrbetrag ist auf Antrag zu erstatten; die Erstattung unterbleibt, wenn der Mehrbetrag fünf Goldmark nicht übersteigt (§ 215 der Reichsabgabenordnung).

(3) Soweit nach Abs. 1 Satz 1 eine Neuveranlagung nicht zulässig ist, ist die bis zum 1. Dezember 1923 nicht entrichtete Steuer nach Maßgabe der Aufwertungsverordnung vom 11. Oktober 1923 (Reichsgesetzbl. I S. 939) und der dazu erlassenen Durchführungsbestimmungen aufzuwerten.

Inkrafttreten.

§ 18. Diese Bestimmungen finden auf Erwerbe Anwendung, für welche die Steuerschuld nach dem 30. Juni 1923 entstanden ist.

Berlin, den 28. März 1924.

Der Reichsminister der Finanzen.

In Vertretung: Zapf.

Anleitung
zur Ausfüllung der Erbschaftssteuererklärung.

(Vgl. Art. III der Zweiten Steuernotverordnung vom 19. Dezember 1923 — Reichsgesetzbl. I S. 1205 — und die Durchführungsbestimmungen für die Bewertung des Vermögens und die beschleunigte Steuerentrichtung bei der Erbschaftssteuer vom 28. März 1924 — Reichsministerialbl. S. 147 —).

Was gehört zu dem in der Steuererklärung anzugebenden Vermögen und wie ist es zu bewerten?

I. Zu B I der Steuererklärung (Grundvermögen).

(1) Das Grundvermögen umfaßt Grundstücke aller Art einschließlich des Zubehörs; darunter fällt insbesondere auch das dem Betriebe der Land- oder Forstwirtschaft dienende Vermögen (Grundstücke, Gebäude, totes und lebendes Inventar), das dem selbstbewirtschaftenden Eigentümer gehört.

(2) Den Grundstücken stehen Berechtigungen gleich, die den Vorschriften des bürgerlichen Rechts über Grundstücke unterliegen, z. B. Erbbaurechte, Erbpachtrechte, Bergwerkseigentum.

(3) Bei der Bewertung der Grundstücke ist von dem, gegebenenfalls für die Veranlagung zur Vermögensteuer 1924 berichtigten Wehrbeitragswert auszugehen (Ausnahmen unter I Abs. 5, 6). Hypotheken, Grundschulden sowie sonstige auf den Grundstücken ruhende Schulden und Lasten sind von dem Wert der Grundstücke hier nicht abzuziehen, sondern unter C Nr. 1 der Steuererklärung (Nachlaßverbindlichkeiten) anzusetzen.

(4) Von dem (berichtigten) Wehrbeitragswert dürfen folgende Abschläge gemacht werden:

a) **bei landwirtschaftlichen Grundstücken:** Der Abschlag beträgt, wenn der auf ein Hektar umgerechnete Durchschnitt des Wehrbeitragswerts sich beläuft auf

mehr als 3 000 Goldmark	10 v. H.
mehr als 1 600 Goldmark, aber nicht mehr als 3 000 Goldmark	20 „ „
mehr als 1 000 Goldmark, aber nicht mehr als 1 600 Goldmark	30 „ „
nicht mehr als 1 000 Goldmark	40 „ „

des Wehrbeitragswerts.

Beispiel: Berichtigter Wehrbeitragswert 100 000 Goldmark; Größe des Grundstücks 50 ha. Der auf 1 ha umgerechnete Durchschnitt des Wehrbeitragswerts beträgt mithin 2 000 Goldmark. Abschlag demnach 20 v. H. von 100 000 = 20 000 Goldmark. Steuerwert also 80 000 Goldmark.

Fällt der Todestag in die Zeit vom 1. Juli bis zum 31. Oktober 1923, so kann von dem nach dem vorstehenden Absatz ermittelten Wert ein weiterer Abschlag gemacht werden, der beträgt, wenn der Todestag fällt in die Monate

Juli oder August	20 v. H.,
September oder Oktober	10 „ „ ;

b) **bei gärtnerischen Grundstücken:** Der Abschlag beträgt, soweit nicht von dem Landesfinanzamt, in dessen Bezirk das Grundstück liegt, allgemein oder für bestimmte Arten von gärtnerischen Grundstücken andere Abschläge zugelassen sind, 20 v. H. des Wehrbeitragswerts.

Fällt der Todestag in die Zeit vom 1. Juli bis 31. Oktober 1923, so kann derselbe weitere Abschlag gemacht werden wie bei a letzter Absatz;

c) **bei forstwirtschaftlichen Grundstücken:** Der Abschlag beträgt durchweg 5 v. H. des Wehrbeitragswerts;

d) **bei Villen:** Der Abschlag beträgt

bei einem Wehrbeitragswert von nicht mehr als 30 000 Goldmark	65 v. H.
bei einem Wehrbeitragswert von mehr als 30 000, aber nicht mehr als 60 000 Goldmark	50 „ „
bei einem Wehrbeitragswert von mehr als 60 000 Goldmark	30 „ „

des Wehrbeitragswerts.

Als Villen gelten ausschließlich oder im wesentlichen vom Eigentümer oder von seinen Angehörigen bewohnte Grundstücke. Jedoch gelten eigenbewohnte Grundstücke, die als Kleinwohnungshäuser anzusehen sind, und Grundstücke, die spätestens am Todestage des Erblassers infolge Zwangseinquartierung der freien Verfügung des Eigentümers ganz oder zum wesentlichen Teil entzogen sind, nicht als Villen, sondern als Mietwohngrundstücke;

e) **bei Mietwohngrundstücken** (d. h. ausschließlich oder im wesentlichen von Mietern bewohnten Grundstücken): Der Abschlag beträgt, soweit nicht von dem Landesfinanzamt, in dessen Bezirk das Grundstück liegt, andere Abschläge zugelassen sind, 70 v. H. des Wehrbeitragswerts;

f) **bei vermieteten Fabrikgrundstücken, Bürohäusern usw.:** Der Abschlag beträgt, soweit nicht von dem Landesfinanzamt, in dessen Bezirk das Grundstück liegt, andere Abschläge zugelassen sind, 40 v. H. des Wehrbeitragswerts.

(5) Ist der *tatsächliche* Zustand des Grundstücks am Todestag ein *wesentlich* anderer als am 31. Dezember 1923 (Vermögensteuerstichtag) — z. B. infolge Bebauung, Verkauf von Grundstücksteilen, Urbarmachung, Änderung der Verkehrslage, Vernichtung durch Brand —, so ist in der Steuererklärung vorläufig der gegebenenfalls für die Veranlagung zur Vermögensteuer 1924 berichtigte Wehrbeitragswert unter Berücksichtigung der zulässigen Abschläge (siehe oben Abs. 4) anzugeben und gleichzeitig unter

entsprechender Begründung die Berichtigung des Wehrbeitragswerts unter Zugrundelegung der tatsächlichen Verhältnisse am Todestage zu beantragen.

(6) Bauland sowie zu Verkehrszwecken bestimmtes Land sind nicht mit dem Wehrbeitragswert, sondern mit ihrem Verkaufswert am Todestag anzusetzen; Abschläge sind nicht zulässig.

II. Zu B II der Steuererklärung (Betriebsvermögen).

Das Betriebsvermögen umfaßt das dem Betriebe der Land- oder Forstwirtschaft (in der Hand des Pächters), des Bergbaues oder eines Gewerbes dienende Vermögen.

a) **Betriebsvermögen der Pächter von landwirtschaftlichen, forstwirtschaftlichen oder gärtnerischen Grundstücken:** Hier ist nur solches lebendes und totes Inventar anzugeben, das am Todestage dem Erblasser als Pächter gehört hat und von ihm zur Bewirtschaftung der gepachteten Grundstücke benutzt worden ist.

b) **Gewerbliches Betriebsvermögen:** Zum Vermögen, das dem Betrieb eines Gewerbes gewidmet ist, gehören auch Beteiligungen an einem gewerblichen Unternehmen, bei dem der Erblasser als Mitinhaber des Gewerbebetriebes anzusehen war (z. B. Teilhaber bei einer offenen Handelsgesellschaft oder einer Kommanditgesellschaft).

Bei der Bewertung des Betriebsvermögens ist zwischen Anlagekapital und Betriebskapital zu unterscheiden. Zum **Anlagekapital** gehören alle dauernd dem Betrieb gewidmeten und dem Betriebsinhaber gehörigen Gegenstände, z. B. Gebäude, Grundstücke, Maschinen, Patente usw. Als **Betriebskapital** gelten dagegen die Betriebsmittel, die fortlaufend dem Verbrauch, dem Wechsel oder der Formveränderung dienen, Rohstoffe, Halbfabrikate, Fertigfabrikate, Waren, Guthaben, Devisen, Forderungen, Wertpapiere usw.

Anlagekapital ist mit dem Preise zu bewerten, der Ende Dezember 1913 zur Anschaffung oder Herstellung eines entsprechenden neuen Gegenstandes aufzuwenden gewesen wäre. Von diesem Preise kann der Betrag abgezogen werden, welcher für die in der Zeit von der tatsächlichen Anschaffung oder Herstellung des Gegenstandes bis zum Todestag eingetretene Abnutzung als angemessen anzusehen ist. Als angemessener Betrag für die Abnutzung gilt nur der Teil des vorbezeichneten Preises, der dem Verhältnis der Lebensdauer des Gegenstandes zu der seit seiner tatsächlichen Anschaffung oder Herstellung verstrichenen Zeit entspricht. Abschreibungen für Wertverminderungen sind grundsätzlich unzulässig.

Beispiel: Zum Anlagekapital gehört eine vom Erblasser Ende 1910 angeschaffte Maschine mit 20jähriger Lebensdauer. Ende 1913 betrug der Preis, den der Erblasser für die Anschaffung einer derartigen neuen Maschine hätte aufwenden müssen, 5 000 Goldmark. Seit der Anschaffung bis zum Todestage sind 13 Jahre verstrichen. Da die Maschine eine 20jährige Lebensdauer hat, darf der Steuerpflichtige von dem Preise von 1913 (5 000 Goldmark) $^{13}/_{20}$ = 3 250 Goldmark abziehen. Steuerwert also 1 750 Goldmark

Ist bei einem Gegenstand des Anlagekapitals der Preis von Ende Dezember 1913 nicht zu ermitteln, weil Gegenstände der betreffenden Art zu dieser Zeit noch nicht vorhanden waren, so hat der Steuerpflichtige diesen Preis an Hand von Gegenständen ähnlicher Art zu schätzen; ist auch auf diese Weise der Preis von Ende Dezember 1913 nicht zu ermitteln, so treten an dessen Stelle drei Viertel des in Goldmark berechneten Preises, der bei einer Anschaffung oder Herstellung des Gegenstandes am Todestage hätte aufgewendet werden müssen.

Beim **Betriebskapital** sind Vorräte an Rohstoffen, Halbfabrikaten, Fertigfabrikaten sowie Waren mit dem Preise zu bewerten, der am Todestage zur Anschaffung oder Herstellung des Gegenstandes aufzuwenden gewesen wäre. Ist dieser Preis höher als der Preis, der Ende März 1924 zur Anschaffung oder Herstellung des Gegenstandes hätte aufgewendet werden müssen, so kann der Steuerpflichtige für die Bewertung den Preis von Ende März 1924 zugrunde legen. Für die Bewertung von Wertpapieren, Forderungen (Guthaben, Außenständen) und Zahlungsmitteln, auch wenn sie zum Betriebsvermögen gehören, gelten die nachstehend unter III (sonstiges Vermögen) angeführten Bestimmungen.

Das Betriebsvermögen belastende Schulden sind nicht bei B II abzusetzen, sondern unter C 2 aufzuführen.

III. Zu III der Steuererklärung (sonstiges Vermögen).

a) **Wertpapiere** (z. B. Aktien, Kuxe und sonstige Anteilscheine, Genußscheine und Schuldverschreibungen).

(1) Wertpapiere mit inländischer Kursnotiz sind mit dem vollen, für den Todestag festzustellenden Kurswert anzusetzen; maßgebend ist der Kurs an der Berliner Börse, in Ermangelung eines solchen der Kurs an der Börse, die für den Handel in dem Wertpapier vorzugsweise in Betracht kommt. Umrechnung in Goldmark s. unter V.

(2) Wertpapiere ohne inländische Kursnotiz sind mit dem vollen, für den Todestag festzustellenden Verkaufswert anzusetzen; maßgebend ist der Verkaufswert an dem Berliner Markte, in Ermangelung eines solchen der Verkaufswert an dem Markte, an dem das Papier vorzugsweise gehandelt wird. Ausländische Wertpapiere ohne inländische Kursnotiz sind mit dem ausländischen Kurs- oder Verkaufswert am Todestage oder, wenn ein solcher nicht zu ermitteln ist, mit dem ausländischen Kurs- oder Verkaufswert an dem letzten Tage, für den vor dem Todestag ein solcher Wert feststellbar ist, anzusetzen. Umrechnung in Goldmark s. unter V.

(3) Ein Dividendenabschlag findet nicht statt.

(4) Fällt der Todestag in die Zeit zwischen dem 1. Juli und dem 31. Dezember 1923, so ist der Bewertung von Aktien, Kuxen und Genußscheinen der für die Vermögensteuer 1924 maßgebende volle Steuerkurswert oder Verkaufswert am 31. Dezember 1923 zugrunde zu legen, sofern der Kurs- oder Verkaufswert am Todestage nicht niedriger ist.

(5) Schuldverschreibungen (z. B. Reichs- und Staatsanleihen, Rentenanleihen, Losanleihen, Pfandbriefe, Obligationen von Erwerbs-

gesellschaften), bei denen nach den am Todestage maßgebenden Bedingungen die Zinszahlung und die Rückzahlung des Kapitals ausschließlich auf Reichsmark (Papiermark) abgestellt waren, sind mit ihrem auf den Todestag in Goldmark umgerechneten (s. unter V) Papiermarknennbetrag anzusetzen. Derartige Schuldverschreibungen brauchen nur dann angesetzt zu werden, wenn der in Gold umgerechnete Nennbetrag aller Schuldverschreibungen 20 Goldmark übersteigt.

b) **Hypotheken-, Grundschuldforderungen sowie sonstige Kapitalforderungen** (z. B. Bank-, Sparkassen-, Postscheckguthaben, Forderungen aus Pacht, Miete, Wechseln, Darlehen, Kautionen, Tilgungsfonds, durch den Todesfall fällig gewordene Lebens-, Kapital- und Rentenversicherungen).

(1) Forderungen sind mit dem Nennwert am Todestag anzusetzen, sofern nicht besondere Umstände einen höheren oder niedrigeren Wert begründen. Umrechnung in Goldmark s. unter V.

(2) Forderungen, die auf Reichsmark (Papiermark) lauten und die bis zum Todestage weder durch Vereinbarung noch durch rechtskräftige Entscheidung aufgewertet worden sind, sind mit ihrem auf den Todestag in Goldmark umgerechneten (s. unter V) Papiermarknennbetrag anzusetzen. Derartige Forderungen brauchen nur dann angesetzt zu werden, wenn der in Goldmark umgerechnete Nennbetrag aller Forderungen 20 Goldmark übersteigt.

c) **Geschäftsanteile** an Gesellschaften mit beschränkter Haftung, Geschäftsguthaben bei Erwerbs- und Wirtschaftsgenossenschaften und sonstige Gesellschaftseinlagen (z. B. Einlagen als stiller Gesellschafter) sind mit dem in Goldmark umgerechneten (s. unter V) Verkaufswert am Todestage zu bewerten.

d) **Durch den Todesfall noch nicht fällig gewordene Ansprüche aus Lebens-, Kapital- oder Rentenversicherungen** sind mit dem in Goldmark umgerechneten (s. unter V) Verkaufswert am Todestag anzusetzen.

e) **Rechte auf Renten** (mit Ausnahme der Rechte aus Versicherungen, s. a und d) oder andere **wiederkehrende Nutzungen und Bezüge** (z. B. Nießbrauch, Altenteil) sind nach Maßgabe der §§ 144 bis 146 der Reichsabgabenordnung mit ihrem Kapitalwert anzusetzen.

f) **Sonstige geldwerte Rechte und Gerechtigkeiten** (z. B. Verlags-, Patent- und Urheberrechte) sind mit ihrem in Goldmark umgerechneten (s. unter V) Verkaufswert am Todestage zu bewerten.

g) **Bares Geld und sonstige Zahlungsmittel.**

(1) Bargeld deutscher Währung (z. B. Metallgeld, soweit es sich nicht um Gold- oder Silbermünzen handelt), Banknoten, Kassenscheine, Rentenmarkscheine, Notgeld und Postwertzeichen sind mit dem Nennwert anzusetzen und, soweit sie auf Papiermark lauten, nach ihrem Papiermarknennbetrag auf den Todestag in Goldmark umzurechnen (s. unter V).

(2) Für ausländische Zahlungsmittel ist der Kurs der ausländischen Währung am Todestage maßgebend, und zwar

für ausländisches Geld (Geldsorten, Papiergeld, Banknoten u. dgl.) der laufende Kurs (Mittelkurs) für Banknoten,

für ausländische Auszahlungen, Anweisungen, Schecks, Wechsel u. dgl. der laufende Kurs (Mittelkurs) für Auszahlungen.

(3) Gold- und Silbermünzen sind mindestens mit dem Metallwert am Todestage zu bewerten.

h) **Edelmetalle** (z. B. Gold und Silber in Barren, Platin in Tiegeln oder Blechen) sowie **Edelsteine und Perlen** sind mit dem in Goldmark umgerechneten (s. unter V) Verkaufswert am Todestag anzusetzen.

i) **Kunstgegenstände und Sammlungen** sind mit dem in Goldmark umgerechneten (s. unter V) Verkaufswert am Todestage zu bewerten. Wird Steuerbefreiung auf Grund von § 21 Abs. 1 Nr. 5 des Erbschaftssteuergesetzes in der Fassung des Art. III § 1 Nr. 8 der Zweiten Steuernotverordnung und von § 10 der Durchführungsbestimmungen über die Bewertung des Vermögens und die beschleunigte Steuerentrichtung bei der Erbschaftssteuer vom 28. März 1924 geltend gemacht, so ist dies näher zu begründen.

k) **Das übrige Vermögen** ist mit dem in Goldmark umgerechneten (s. unter V) Verkaufswert am Todestage zu bewerten.

Fällt Hausrat, einschl. Wäsche und Kleidungsstücke, nur an Personen der Steuerklassen I, II (z. B. Ehegatten, Kinder, Stiefkinder, Adoptivkinder, Enkel), so kann die Bewertung unterbleiben.

IV. Zu C der Steuererklärung (Nachlaßverbindlichkeiten).

(1) Nachlaßverbindlichkeiten sind mit dem Nennbetrag am Todestage zu bewerten, sofern nicht besondere Umstände einen höheren oder geringeren Wert begründen. Umrechnung in Goldmark s. unter V.

(2) Verbindlichkeiten, die auf Reichsmark (Papiermark) lauten und bis zum Todestage weder durch Vereinbarung noch durch rechtskräftige Entscheidung aufgewertet worden sind, sind mit ihrem auf den Todestag in Goldmark umgerechneten (s. unter V) Papiermarknennbetrag anzusetzen.

(3) Nachlaßverbindlichkeiten der in Abschnitt C unter 3 bis 5 genannten Art, die auf Papiermark lauten, sind nicht auf den Todestag, sondern auf den Tag der Bezahlung in Goldmark umzurechnen (s. unter V).

(4) Für die Bewertung von Renten und anderen wiederkehrenden Leistungen findet III e entsprechende Anwendung.

(5) Verbindlichkeiten aus Vermächtnissen, Pflichtteilsrechten und Auflagen sind im Abschnitt C nicht anzusetzen.

V. Umrechnung in Goldmark.

(1) Da das Vermögen des Erblassers in Goldmark zu bewerten ist, sind die einzelnen Nachlaßgegenstände in Goldmark anzusetzen. Ist ein für die Bewertung maßgebender Preis oder Wert in Papiermark oder in einer sonstigen nicht auf Goldmark lautenden Rechnungseinheit ausgedrückt, so ist er in Goldmark umzurechnen.

(2) Bei der Umrechnung von **Papiermark** in Goldmark ist, sofern der Todestag in die Zeit vom 1. Juli bis zum 31. August 1923 fällt, der laufende Kurs (Mittelkurs) des Dollars an der Berliner Börse, sofern der Todestag in die Zeit vom 1. September bis zum 19. November 1923 fällt, der Goldumrechnungssatz für Reichssteuern zugrunde zu legen und sofern der Todestag

in die Zeit nach dem 19. November 1923 fällt, eine Billion Papiermark dem Werte einer Goldmark gleichzusetzen. In den Fällen unter IV Abs. 3 tritt an die Stelle des Todestags der Tag der Bezahlung der Schuld.

(3) Bei der Umrechnung von **Rentenmark** in Goldmark ist eine Rentenmark dem Wert einer Goldmark gleichzusetzen.

(4) Für die Umrechnung **ausländischer Rechnungseinheiten** in Goldmark ist der laufende Kurs (Mittelkurs) für Auszahlungen am Todestag maßgebend. Werden ausländische Zahlungsmittel in Deutschland amtlich nicht gehandelt, so ist der im freien Handel in Berlin gezahlte Preis zugrunde zu legen. Ist ein solcher nicht zu ermitteln, so ist der Preis an dem Markte zugrunde zu legen, der für den freien Handel in diesem Zahlungsmittel vorzugsweise in Betracht kommt.

Durchführungsbestimmungen
über
die Bewertung des Vermögens und die beschleunigte Steuerentrichtung bei der Erbschaftssteuer
(Artikel III der Zweiten Steuernotverordnung)
(Erb.St.D.B.)
vom 28. März 1924.

Auf Grund von Artikel III § 1 Nr. 8, 11, § 2 und Artikel XIX § 6 der Zweiten Steuernotverordnung vom 19. Dezember 1923 (Reichsgesetzbl. I S. 1205) wird folgendes bestimmt:

A. Bewertung.

I. Allgemeines.

§ 1. (1) Die Bestimmungen der §§ 2 bis 11 gelten für die Veranlagung der Erwerbe, für welche die Steuerschuld in der Zeit zwischen dem 1. Juli 1923 und dem 31. Dezember 1924 entstanden ist oder entsteht.

(2) Soweit in den §§ 2 bis 11 nichts anderes bestimmt ist, gelten die Vorschriften der Reichsabgabenordnung.

Stichtag.

§ 2. Stichtag im Sinne dieser Bestimmungen ist der nach § 31 des Erbschaftssteuergesetzes für die Ermittlung des Wertes des Anfalls maßgebende Zeitpunkt.

Verhältnis der Goldmark zu anderen Rechnungseinheiten.

§ 3. (1) Ist ein für die Bewertung maßgebender Preis oder Wert in Papiermark oder in einer sonstigen nicht auf Goldmark lautenden Rechnungseinheit ausgedrückt, so ist er in Goldmark umzurechnen.

(2) Bei der Umrechnung von Papiermark in Goldmark ist, sofern der Stichtag in die Zeit vom 1. Juli bis zum 31. August 1923 fällt, der laufende Kurs (Mittelkurs) des Dollars an der Berliner Börse, sofern der Stichtag in die Zeit vom 1. September bis zum 19. November 1923 fällt, der Goldumrechnungssatz für Reichssteuern zugrunde zu legen, und sofern der Stichtag in die Zeit nach dem 19. No-

vember 1923 fällt, bis auf weiteres eine Billion Papiermark dem Werte einer Goldmark gleichzusetzen.

(3) Bei der Umrechnung von Rentenmark in Goldmark ist bis auf weiteres eine Rentenmark dem Werte einer Goldmark gleichzusetzen.

(4) Für die Umrechnung ausländischer Rechnungseinheiten in Goldmark ist der laufende Kurs (Mittelkurs) für Auszahlungen am Stichtage maßgebend. Werden ausländische Zahlungsmittel bestimmter Art in Deutschland amtlich nicht gehandelt, so ist der im freien Handel in Berlin gezahlte Preis zugrunde zu legen. Ist ein solcher nicht zu ermitteln, so ist der Preis an dem Markte zugrunde zu legen, der für den freien Handel in diesem Zahlungsmittel vorzugsweise in Betracht kommt.

II. Grundvermögen.

Inländische Grundstücke.

§ 4. (1) Inländische Grundstücke sind, soweit in Abs. 2 bis 4 nichts anderes bestimmt ist, bis auf weiteres nach Maßgabe der §§ 3 bis 25, 28, 29 der Durchführungsbestimmungen für die Vermögensteuer 1924 vom 8. März 1924 (Reichsministerialbl. S. 103) mit dem für den 31. Dezember 1923 festzustellenden Werte zu bewerten.

(2) Ist der tatsächliche Zustand des Grundstücks am Stichtag ein wesentlich anderer als am 31. Dezember 1923 (z. B. infolge Bebauung, Urbarmachung, Verkauf von Grundstücksteilen, Vernichtung durch Brand, Änderung der Verkehrslage), so finden die Durchführungsbestimmungen für die Vermögensteuer 1924 über die Zugrundelegung des Wehrbeitragswerts, die Berichtigung des Wehrbeitragswerts und die Abschläge vom Wehrbeitragswerte mit der Maßgabe entsprechende Anwendung, daß für die Berichtigung des Wehrbeitragswerts an Stelle der Verhältnisse am 31. Dezember 1923 die Verhältnisse am Stichtage zugrunde zu legen sind.

(3) Grundstücke, deren Wert durch ihre Lage als Bauland oder als Land zu Verkehrszwecken bestimmt ist, sind mit ihrem Verkaufswert am Stichtag anzusetzen.

(4) Bei Grundstücken, die dauernd landwirtschaftlichen oder gärtnerischen Zwecken zu dienen bestimmt sind, ist, sofern der Stichtag in die Zeit vom 1. Juli bis zum 31. Oktober 1923 fällt, von dem nach Abs. 1, 2 ermittelten Wert ein Abschlag zu machen, der beträgt bei Stichtagen in den Monaten

Juli und August . . . . 20 v. H.,
September und Oktober . . . . . . 10 v. H.

(5) Auf Berechtigungen, für welche die Vorschriften des bürgerlichen Rechtes über Grundstücke gelten, finden Abs. 1 bis 4 entsprechende Anwendung.

Ausländische Grundstücke.

§ 5. Ausländische Grundstücke sind nach den §§ 152 bis 154 der Reichsabgabenordnung zu bewerten.

III. Betriebsvermögen.

Anlagekapital.

§ 6. Auf die Bewertung von Anlagekapital finden die §§ 31, 32 der Durchführungsbestimmungen für die Vermögensteuer 1924 mit der Maßgabe entsprechende Anwendung, daß an die Stelle des 31. Dezember 1923 der Stichtag tritt.

Betriebskapital.

§ 7. (1) Betriebskapital ist, soweit es in Vorräten an Rohstoffen, Halbfabrikaten, Fertigfabrikaten sowie Waren besteht, mit dem Preise zu bewerten, der am Stichtage zur Anschaffung oder Herstellung des Gegenstandes aufzuwenden gewesen wäre. Fällt der Stichtag in die Zeit vom 1. Juli 1923 bis zum 31. März 1924, so kann der Steuerpflichtige verlangen, daß der Bewertung der Preis von Ende März 1924 zugrunde gelegt wird, wenn er niedriger ist als der Preis am Stichtag.

(2) Im übrigen findet § 33 Abs. 1, 3 der Durchführungsbestimmungen für die Vermögensteuer 1924 entsprechende Anwendung.

IV. Sonstiges Vermögen.

Allgemeines.

§ 8. Für die Bewertung des sonstigen Vermögens gelten, soweit im § 9 nichts anderes bestimmt ist, die Bestimmungen der §§ 36, 38 bis 43 der Durchführungsbestimmungen für die Vermögensteuer 1924 mit der Maßgabe, daß an die Stelle des 31. Dezember 1923 der Stichtag und in Fällen des § 39 außerdem an die Stelle des letzten Tages, an dem im Jahre 1923 ein Kurs- oder Verkaufswert zu ermitteln ist, der letzte Tag tritt, für den vor dem Stichtag ein solcher Wert feststellbar ist.

Wertpapiere.

§ 9. (1) Wertpapiere mit Ausnahme der unter Zugrundelegung ihres Papiermarknennbetrags zu bewertenden Schuldverschreibungen

(§ 38 der Durchführungsbestimmungen für die Vermögensteuer 1924) sind mit dem vollen für den Stichtag festzustellenden Kurs- oder Verkaufswert anzusetzen. Bei Wertpapieren mit inländischer Kursnotiz ist der Kurs an der Berliner Börse, in Ermangelung eines solchen der Kurs an der Börse zugrunde zu legen, die für den Handel in dem Wertpapiere vorzugsweise in Betracht kommt; entsprechendes gilt für den Verkaufswert von Wertpapieren ohne inländische Kursnotiz hinsichtlich des Marktes, an dem das Papier vorzugsweise gehandelt wird.

(2) Bei Erwerben, bei denen der Stichtag in die Zeit zwischen dem 1. Juli und dem 31. Dezember 1923 fällt, ist der Bewertung von Aktien, Kuxen und Genußscheinen der für die Vermögensteuer 1924 maßgebende volle (Abs. 1 Satz 1) Steuerkurswert oder Verkaufswert am 31. Dezember 1923 zugrunde zu legen, sofern der Kurs oder Verkaufswert am Stichtage nicht niedriger ist.

V. Schulden.

Allgemeines.

§ 10. Für die Bewertung der Schulden finden, soweit im § 11 nichts anderes bestimmt ist, die §§ 38, 40 der Durchführungsbestimmungen für die Vermögensteuer 1924 mit der Maßgabe entsprechende Anwendung, daß an die Stelle des 31. Dezember 1923 der Stichtag tritt.

Nachlaßverbindlichkeiten besonderer Art.

§ 11. Vom Erblasser herrührende laufende Verbindlichkeiten (z. B. Kosten der Krankheit des Erblassers, Versicherungsbeiträge, Mietzins, Kosten für Lebensmittel, Heizung, Licht, Lohn für Hausangestellte) sowie infolge des Erbfalls entstandene Nachlaßverbindlichkeiten der im § 12 Abs. 4 des Erbschaftssteuergesetzes genannten Art sind, wenn sie auf Papiermark lauten, mit dem für den Tag ihrer Bezahlung maßgebenden Umrechnungssatz in Goldmark umzurechnen; § 3 Abs. 2 findet entsprechende Anwendung.

B. Steuerbefreiung bei Kunstgegenständen und Sammlungen.

§ 12. (1) Kunstgegenstände oder Sammlungen, die nach dem 31. Dezember 1918 zu einem auf Papiermark lautenden Preis angeschafft worden sind (§ 21 Abs. 1 Nr. 5 des Erbschaftssteuergesetzes), sind von der Erbschaftssteuer befreit, wenn der Anschaffungspreis betragen hat

bei Anschaffungen in der Zeit vom	bei einzelnen Gegenständen	bei mehreren gleichartigen oder zusammengehörigen Gegenständen
	nicht mehr als Papiermark	
1. Januar 1919 bis 30. Juni 1922	80 000	800 000
1. Juli 1922 bis 31. Oktober 1922.	800 000	8 Millionen
1. November 1922 bis 30. April 1923 . .	6 Millionen	60 „
1. Mai 1923 bis 31. Juli 1923	100 „	1 Milliarde
1. August 1923 bis 30. September 1923	25 Milliarden	250 Milliarden
1. Oktober 1923 bis 31. Oktober 1923	8 Billionen	80 Billionen
1. November 1923 bis 19. November 1923.	500 „	5 000 „
20. November 1923 bis auf weiteres	1 000 „	10 000 „

(2) Lautet der Anschaffungspreis auf eine ausländische Währung, so ist er nach dem am Tage der Anschaffung maßgebenden laufenden Kurse (Mittelkurs) der Berliner Börse für Auszahlungen in Papiermark umzurechnen.

C. Beschleunigte Steuerentrichtung.

§ 13. (1) Wird bei Erwerben von Todes wegen oder Zweckzuwendungen von Todes wegen die Steuererklärung nicht innerhalb der vom Finanzamt bestimmten Frist abgegeben, so ist eine Vorauszahlung in Höhe des Betrags zu entrichten, der sich als Erbschaftssteuer errechnet, wenn drei Viertel des zur letzten Vermögensteuerveranlagung festgesetzten Reinvermögens des Erblassers als Reinwert des Nachlasses zugrunde gelegt werden. Die Vorauszahlungspflicht entfällt, wenn das zur Vermögensteuerveranlagung festgesetzte Reinvermögen nicht mehr als 200 000 Goldmark beträgt.

(2) Das Finanzamt setzt die Vorauszahlung fest; sie ist binnen einem Monat nach der Zustellung des Vorauszahlungsbescheids fällig. Gegen diesen Bescheid ist nur die Beschwerde an das Landesfinanzamt (§§ 224, 281 der Reichsabgabenordnung) zulässig.

(3) Die Vorschrift des § 34 des Erbschaftssteuergesetzes über die Verpflichtung zu vorläufigen Zahlungen nach Abgabe der Steuererklärung bleibt unberührt; auf eine zu entrichtende vorläufige Zahlung ist eine nach Abs. 1, 2 bewirkte Vorauszahlung anzurechnen. Übersteigt der Betrag der vorläufigen Zahlung den der Vorauszahlung um nicht mehr als zehn vom Hundert, so hat die Festsetzung der vorläufigen Zahlung zu unterbleiben.

D. Überleitungs- und Schlußbestimmungen.

Zusammenrechnung mehrerer Erwerbe.

§ 14. (1) Zur Vereinfachung der Veranlagung werden nur in Goldmark zu bewertende Erwerbe auf Grund des § 17 des Erbschaftssteuergesetzes zusammengerechnet.

(2) Das gleiche gilt in den Fällen des § 24 des Erbschaftssteuergesetzes.

Anrechnung in Papiermark festgesetzter Steuerbeträge.

§ 15. Ist die Anrechnung entrichteter Erbschaftssteuer gesetzlich vorgeschrieben, so ist ein in Papiermark festgesetzter Steuerbetrag in Höhe des Goldwerts, den er am Tage der Zahlung gehabt hat, auf die neue Erbschaftssteuerschuld anzurechnen. § 3 Abs. 2 findet entsprechende Anwendung; ist der Steuerbetrag vor dem 1. Juli 1923 gezahlt worden, so ist der Berechnung des Goldwerts der laufende Kurs (Mittelkurs) des Dollars an der Berliner Börse zugrunde zu legen.

Zu § 9 Abs. 3 des Erbschaftssteuergesetzes.

§ 16. Für die Anwendung des Artikel III § 3 der Zweiten Steuernotverordnung ist im Falle des § 9 Abs. 3 des Erbschaftssteuergesetzes der Tod des überlebenden Ehegatten maßgebend.

Bisherige Veranlagungen und Steuerzahlungen.

§ 17. (1) Ist für einen den neuen Vorschriften unterliegenden Erwerb die Steuer bereits nach den bisherigen Vorschriften festgesetzt, so findet eine Neuveranlagung im Hinblick auf die Gesetzesänderung nur statt, wenn die Festsetzung am Tage der Veröffentlichung dieser Verordnung noch nicht rechtskräftig geworden oder die Neuveranlagung bei der Festsetzung vorbehalten worden ist. Entsprechendes gilt, wenn für einen den neuen Vorschriften unterliegenden Erwerb die Steuer bereits nach den neuen Vorschriften, aber unter Außerachtlassung dieser Durchführungsbestimmungen festgesetzt worden ist.

(2) Ist für einen Erwerb, für den nach Abs. 1 eine Neuveranlagung zulässig ist, Steuer bereits entrichtet, so ist sie in Höhe des Goldwerts, den sie am Tage der Zahlung gehabt hat, auf die nach den neuen Vorschriften und diesen Durchführungsbestimmungen festgesetzte Steuerschuld anzurechnen; das gleiche gilt, wenn für einen den neuen Vorschriften unterliegenden Erwerb Steuer ohne vorausgegangene Veranlagung bis zum 1. Dezember 1923 auf Grund des § 9 Abs. 2 der Durchführungsbestimmungen zur Aufwertungsverordnung vom 13. Oktober 1923 (Reichsgesetzbl. I S. 951) entrichtet worden ist. § 3 findet entsprechende Anwendung. Ein sich ergebender Mehrbetrag ist auf Antrag zu erstatten; die Erstattung unterbleibt, wenn der Mehrbetrag fünf Goldmark nicht übersteigt (§ 215 der Reichsabgabenordnung).

(3) Soweit nach Abs. 1 Satz 1 eine Neuveranlagung nicht zulässig ist, ist die bis zum 1. Dezember 1923 nicht entrichtete Steuer nach Maßgabe der Aufwertungsverordnung vom 11. Oktober 1923 (Reichsgesetzbl. I S. 939) und der dazu erlassenen Durchführungsbestimmungen aufzuwerten.

Inkrafttreten.

§ 18. Diese Bestimmungen finden auf Erwerbe Anwendung, für welche die Steuerschuld nach dem 30. Juni 1923 entstanden ist.

Berlin, den 28. März 1924.

Der Reichsminister der Finanzen.

In Vertretung: Zapf.

Anleitung
zur Ausfüllung der Erbschaftssteuererklärung.

(Vgl. Art. III der Zweiten Steuernotverordnung vom 19. Dezember 1923 — Reichsgesetzbl. I S. 1205 — und die Durchführungsbestimmungen für die Bewertung des Vermögens und die beschleunigte Steuerentrichtung bei der Erbschaftssteuer vom 28. März 1924 — Reichsministerialbl. S. 147 —).

Was gehört zu dem in der Steuererklärung anzugebenden Vermögen und wie ist es zu bewerten?

I. Zu B I der Steuererklärung (Grundvermögen).

(1) Das Grundvermögen umfaßt Grundstücke aller Art einschließlich des Zubehörs; darunter fällt insbesondere auch das dem Betriebe der Land- oder Forstwirtschaft dienende Vermögen (Grundstücke, Gebäude, totes und lebendes Inventar), das dem selbstbewirtschaftenden Eigentümer gehört.

(2) Den Grundstücken stehen Berechtigungen gleich, die den Vorschriften des bürgerlichen Rechts über Grundstücke unterliegen, z. B. Erbbaurechte, Erbpachtrechte, Bergwerkseigentum.

(3) Bei der Bewertung der Grundstücke ist von dem, gegebenenfalls für die Veranlagung zur Vermögensteuer 1924 berichtigten Wehrbeitragswert auszugehen (Ausnahmen unter I Abs. 5, 6). Hypotheken, Grundschulden sowie sonstige auf den Grundstücken ruhende Schulden und Lasten sind von dem Wert der Grundstücke hier nicht abzuziehen, sondern unter C Nr. 1 der Steuererklärung (Nachlaßverbindlichkeiten) anzusetzen.

(4) Von dem (berichtigten) Wehrbeitragswert dürfen folgende Abschläge gemacht werden:

a) **bei landwirtschaftlichen Grundstücken:** Der Abschlag beträgt, wenn der auf ein Hektar umgerechnete Durchschnitt des Wehrbeitragswerts sich beläuft auf

mehr als 3 000 Goldmark	10 v. H.
mehr als 1 600 Goldmark, aber nicht mehr als 3 000 Goldmark	20 „ „
mehr als 1 000 Goldmark, aber nicht mehr als 1 600 Goldmark	30 „ „
nicht mehr als 1 000 Goldmark	40 „ „

des Wehrbeitragswerts.

Beispiel: Berichtigter Wehrbeitragswert 100 000 Goldmark; Größe des Grundstücks 50 ha. Der auf 1 ha umgerechnete Durchschnitt des Wehrbeitragswerts beträgt mithin 2 000 Goldmark. Abschlag demnach 20 v. H. von 100 000 = 20 000 Goldmark. Steuerwert also 80 000 Goldmark.

Fällt der Todestag in die Zeit vom 1. Juli bis zum 31. Oktober 1923, so kann von dem nach dem vorstehenden Absatz ermittelten Wert ein weiterer Abschlag gemacht werden, der beträgt, wenn der Todestag fällt in die Monate

Juli oder August . . . . 20 v. H.,
September oder Oktober . . . . 10 „ „ ;

b) **bei gärtnerischen Grundstücken:** Der Abschlag beträgt, soweit nicht von dem Landesfinanzamt, in dessen Bezirk das Grundstück liegt, allgemein oder für bestimmte Arten von gärtnerischen Grundstücken andere Abschläge zugelassen sind, 20 v. H. des Wehrbeitragswerts.

Fällt der Todestag in die Zeit vom 1. Juli bis 31. Oktober 1923, so kann derselbe weitere Abschlag gemacht werden wie bei a letzter Absatz;

c) **bei forstwirtschaftlichen Grundstücken:** Der Abschlag beträgt durchweg 5 v. H. des Wehrbeitragswerts;

d) **bei Villen:** Der Abschlag beträgt

bei einem Wehrbeitragswert von nicht mehr als 30 000 Goldmark . . . . 65 v. H.
bei einem Wehrbeitragswert von mehr als 30 000, aber nicht mehr als 60 000 Goldmark . . . . 50 „ „
bei einem Wehrbeitragswert von mehr als 60 000 Goldmark 30 „ „

des Wehrbeitragswerts.

Als Villen gelten ausschließlich oder im wesentlichen vom Eigentümer oder von seinen Angehörigen bewohnte Grundstücke. Jedoch gelten eigenbewohnte Grundstücke, die als Kleinwohnungshäuser anzusehen sind, und Grundstücke, die spätestens am Todestage des Erblassers infolge Zwangseinquartierung der freien Verfügung des Eigentümers ganz oder zum wesentlichen Teil entzogen sind, nicht als Villen, sondern als Mietwohngrundstücke;

e) **bei Mietwohngrundstücken** (d. h. ausschließlich oder im wesentlichen von Mietern bewohnten Grundstücken): Der Abschlag beträgt, soweit nicht von dem Landesfinanzamt, in dessen Bezirk das Grundstück liegt, andere Abschläge zugelassen sind, 70 v. H. des Wehrbeitragswerts;

f) **bei vermieteten Fabrikgrundstücken, Bürohäusern usw.:** Der Abschlag beträgt, soweit nicht von dem Landesfinanzamt, in dessen Bezirk das Grundstück liegt, andere Abschläge zugelassen sind, 40 v. H. des Wehrbeitragswerts.

(5) Ist der tatsächliche Zustand des Grundstücks am Todestag ein wesentlich anderer als am 31. Dezember 1923 (Vermögensteuerstichtag) — z. B. infolge Bebauung, Verkauf von Grundstücksteilen, Urbarmachung, Änderung der Verkehrslage, Vernichtung durch Brand —, so ist in der Steuererklärung vorläufig der gegebenenfalls für die Veranlagung zur Vermögensteuer 1924 berichtigte Wehrbeitragswert unter Berücksichtigung der zulässigen Abschläge (siehe oben Abs. 4) anzugeben und gleichzeitig unter

entsprechender Begründung die Berichtigung des Wehrbeitragswerts unter Zugrundelegung der tatsächlichen Verhältnisse am Todestage zu beantragen.

(6) Bauland sowie zu Verkehrszwecken bestimmtes Land sind nicht mit dem Wehrbeitragswert, sondern mit ihrem Verkaufswert am Todestag anzusetzen; Abschläge sind nicht zulässig.

II. Zu B II der Steuererklärung (Betriebsvermögen).

Das Betriebsvermögen umfaßt das dem Betriebe der Land- oder Forstwirtschaft (in der Hand des Pächters), des Bergbaues oder eines Gewerbes dienende Vermögen.

a) **Betriebsvermögen der Pächter von landwirtschaftlichen, forstwirtschaftlichen oder gärtnerischen Grundstücken:** Hier ist nur solches lebendes und totes Inventar anzugeben, das am Todestage dem Erblasser als Pächter gehört hat und von ihm zur Bewirtschaftung der gepachteten Grundstücke benutzt worden ist.

b) **Gewerbliches Betriebsvermögen:** Zum Vermögen, das dem Betrieb eines Gewerbes gewidmet ist, gehören auch Beteiligungen an einem gewerblichen Unternehmen, bei dem der Erblasser als Mitinhaber des Gewerbebetriebes anzusehen war (z. B. Teilhaber bei einer offenen Handelsgesellschaft oder einer Kommanditgesellschaft).

Bei der Bewertung des Betriebsvermögens ist zwischen Anlagekapital und Betriebskapital zu unterscheiden. Zum **Anlagekapital** gehören alle dauernd dem Betrieb gewidmeten und dem Betriebsinhaber gehörigen Gegenstände, z. B. Gebäude, Grundstücke, Maschinen, Patente usw. Als **Betriebskapital** gelten dagegen die Betriebsmittel, die fortlaufend dem Verbrauch, dem Wechsel oder der Formveränderung dienen, Rohstoffe, Halbfabrikate, Fertigfabrikate, Waren, Guthaben, Devisen, Forderungen, Wertpapiere usw.

Anlagekapital ist mit dem Preise zu bewerten, der Ende Dezember 1913 zur Anschaffung oder Herstellung eines entsprechenden neuen Gegenstandes aufzuwenden gewesen wäre. Von diesem Preise kann der Betrag abgezogen werden, welcher für die in der Zeit von der tatsächlichen Anschaffung oder Herstellung des Gegenstandes bis zum Todestag eingetretene Abnutzung als angemessen anzusehen ist. Als angemessener Betrag für die Abnutzung gilt nur der Teil des vorbezeichneten Preises, der dem Verhältnis der Lebensdauer des Gegenstandes zu der seit seiner tatsächlichen Anschaffung oder Herstellung verstrichenen Zeit entspricht. Abschreibungen für Wertverminderungen sind grundsätzlich unzulässig.

Beispiel: Zum Anlagekapital gehört eine vom Erblasser Ende 1910 angeschaffte Maschine mit 20jähriger Lebensdauer. Ende 1913 betrug der Preis, den der Erblasser für die Anschaffung einer derartigen neuen Maschine hätte aufwenden müssen, 5 000 Goldmark. Seit der Anschaffung bis zum Todestage sind 13 Jahre verstrichen. Da die Maschine eine 20jährige Lebensdauer hat, darf der Steuerpflichtige von dem Preise von 1913 (5 000 Goldmark) $^{13}/_{20}$ = 3 250 Goldmark abziehen. Steuerwert also 1 750 Goldmark

Ist bei einem Gegenstand des Anlagekapitals der Preis von Ende Dezember 1913 nicht zu ermitteln, weil Gegenstände der betreffenden Art zu dieser Zeit noch nicht vorhanden waren, so hat der Steuerpflichtige diesen Preis an Hand von Gegenständen ähnlicher Art zu schätzen; ist auch auf diese Weise der Preis von Ende Dezember 1913 nicht zu ermitteln, so treten an dessen Stelle drei Viertel des in Goldmark berechneten Preises, der bei einer Anschaffung oder Herstellung des Gegenstandes am Todestage hätte aufgewendet werden müssen.

Beim **Betriebskapital** sind Vorräte an Rohstoffen, Halbfabrikaten, Fertigfabrikaten sowie Waren mit dem Preise zu bewerten, der am Todestage zur Anschaffung oder Herstellung des Gegenstandes aufzuwenden gewesen wäre. Ist dieser Preis höher als der Preis, der Ende März 1924 zur Anschaffung oder Herstellung des Gegenstandes hätte aufgewendet werden müssen, so kann der Steuerpflichtige für die Bewertung den Preis von Ende März 1924 zugrunde legen. Für die Bewertung von Wertpapieren, Forderungen (Guthaben, Außenständen) und Zahlungsmitteln, auch wenn sie zum Betriebsvermögen gehören, gelten die nachstehend unter III (sonstiges Vermögen) angeführten Bestimmungen.

Das Betriebsvermögen belastende Schulden sind nicht bei B II abzusetzen, sondern unter C 2 aufzuführen.

III. Zu III der Steuererklärung (sonstiges Vermögen).

a) **Wertpapiere** (z. B. Aktien, Kuxe und sonstige Anteilscheine, Genußscheine und Schuldverschreibungen).

(1) Wertpapiere mit inländischer Kursnotiz sind mit dem vollen, für den Todestag festzustellenden Kurswert anzusetzen; maßgebend ist der Kurs an der Berliner Börse, in Ermangelung eines solchen der Kurs an der Börse, die für den Handel in dem Wertpapier vorzugsweise in Betracht kommt. Umrechnung in Goldmark s. unter V.

(2) Wertpapiere ohne inländische Kursnotiz sind mit dem vollen, für den Todestag festzustellenden Verkaufswert anzusetzen; maßgebend ist der Verkaufswert an dem Berliner Markte, in Ermangelung eines solchen der Verkaufswert an dem Markte, an dem das Papier vorzugsweise gehandelt wird. Ausländische Wertpapiere ohne inländische Kursnotiz sind mit dem ausländischen Kurs- oder Verkaufswert am Todestage oder, wenn ein solcher nicht zu ermitteln ist, mit dem ausländischen Kurs- oder Verkaufswert an dem letzten Tage, für den vor dem Todestag ein solcher Wert feststellbar ist, anzusetzen. Umrechnung in Goldmark s. unter V.

(3) Ein Dividendenabschlag findet nicht statt.

(4) Fällt der Todestag in die Zeit zwischen dem 1. Juli und dem 31. Dezember 1923, so ist der Bewertung von Aktien, Kuxen und Genußscheinen der für die Vermögensteuer 1924 maßgebende volle Steuerkurswert oder Verkaufswert am 31. Dezember 1923 zugrunde zu legen, sofern der Kurs- oder Verkaufswert am Todestage nicht niedriger ist.

(5) Schuldverschreibungen (z. B. Reichs- und Staatsanleihen, Rentenanleihen, Losanleihen, Pfandbriefe, Obligationen von Erwerbs-

gesellschaften), bei denen nach den am Todestage maßgebenden Bedingungen die Zinszahlung und die Rückzahlung des Kapitals ausschließlich auf Reichsmark (Papiermark) abgestellt waren, sind mit ihrem auf den Todestag in Goldmark umgerechneten (s. unter V) Papiermarknennbetrag anzusetzen. Derartige Schuldverschreibungen brauchen nur dann angesetzt zu werden, wenn der in Gold umgerechnete Nennbetrag aller Schuldverschreibungen 20 Goldmark übersteigt.

b) **Hypotheken-, Grundschuldforderungen sowie sonstige Kapitalforderungen** (z. B. Bank-, Sparkassen-, Postscheckguthaben, Forderungen aus Pacht, Miete, Wechseln, Darlehen, Kautionen, Tilgungsfonds, durch den Todesfall fällig gewordene Lebens-, Kapital- und Rentenversicherungen).

(1) Forderungen sind mit dem Nennwert am Todestag anzusetzen, sofern nicht besondere Umstände einen höheren oder niedrigeren Wert begründen. Umrechnung in Goldmark s. unter V.

(2) Forderungen, die auf Reichsmark (Papiermark) lauten und die bis zum Todestage weder durch Vereinbarung noch durch rechtskräftige Entscheidung aufgewertet worden sind, sind mit ihrem auf den Todestag in Goldmark umgerechneten (s. unter V) Papiermarknennbetrag anzusetzen. Derartige Forderungen brauchen nur dann angesetzt zu werden, wenn der in Goldmark umgerechnete Nennbetrag aller Forderungen 20 Goldmark übersteigt.

c) **Geschäftsanteile** an Gesellschaften mit beschränkter Haftung, Geschäftsguthaben bei Erwerbs- und Wirtschaftsgenossenschaften und sonstige Gesellschaftseinlagen (z. B. Einlagen als stiller Gesellschafter) sind mit dem in Goldmark umgerechneten (s. unter V) Verkaufswert am Todestage zu bewerten.

d) **Durch den Todesfall noch nicht fällig gewordene Ansprüche aus Lebens-, Kapital- oder Rentenversicherungen** sind mit dem in Goldmark umgerechneten (s. unter V) Verkaufswert am Todestag anzusetzen.

e) **Rechte auf Renten** (mit Ausnahme der Rechte aus Versicherungen, s. a und d) oder andere **wiederkehrende Nutzungen und Bezüge** (z. B. Nießbrauch, Altenteil) sind nach Maßgabe der §§ 144 bis 146 der Reichsabgabenordnung mit ihrem Kapitalwert anzusetzen.

f) **Sonstige geldwerte Rechte und Gerechtigkeiten** (z. B. Verlags-, Patent- und Urheberrechte) sind mit ihrem in Goldmark umgerechneten (s. unter V) Verkaufswert am Todestage zu bewerten.

g) **Bares Geld und sonstige Zahlungsmittel.**

(1) Bargeld deutscher Währung (z. B. Metallgeld, soweit es sich nicht um Gold- oder Silbermünzen handelt), Banknoten, Kassenscheine, Rentenmarkscheine, Notgeld und Postwertzeichen sind mit dem Nennwert anzusetzen und, soweit sie auf Papiermark lauten, nach ihrem Papiermarknennbetrag auf den Todestag in Goldmark umzurechnen (s. unter V).

(2) Für ausländische Zahlungsmittel ist der Kurs der ausländischen Währung am Todestage maßgebend, und zwar

für ausländisches Geld (Geldsorten, Papiergeld, Banknoten u. dgl.) der laufende Kurs (Mittelkurs) für Banknoten,

für ausländische Auszahlungen, Anweisungen, Schecks, Wechsel u. dgl. der laufende Kurs (Mittelkurs) für Auszahlungen.

(3) Gold- und Silbermünzen sind mindestens mit dem Metallwert am Todestage zu bewerten.

h) **Edelmetalle** (z. B. Gold und Silber in Barren, Platin in Tiegeln oder Blechen) sowie **Edelsteine und Perlen** sind mit dem in Goldmark umgerechneten (s. unter V) Verkaufswert am Todestag anzusetzen.

i) **Kunstgegenstände und Sammlungen** sind mit dem in Goldmark umgerechneten (s. unter V) Verkaufswert am Todestage zu bewerten. Wird Steuerbefreiung auf Grund von § 21 Abs. 1 Nr. 5 des Erbschaftssteuergesetzes in der Fassung des Art. III § 1 Nr. 8 der Zweiten Steuernotverordnung und von § 10 der Durchführungsbestimmungen über die Bewertung des Vermögens und die beschleunigte Steuerentrichtung bei der Erbschaftssteuer vom 28. März 1924 geltend gemacht, so ist dies näher zu begründen.

k) **Das übrige Vermögen** ist mit dem in Goldmark umgerechneten (s. unter V) Verkaufswert am Todestage zu bewerten.

Fällt Hausrat, einschl. Wäsche und Kleidungsstücke, nur an Personen der Steuerklassen I, II (z. B. Ehegatten, Kinder, Stiefkinder, Adoptivkinder, Enkel), so kann die Bewertung unterbleiben.

IV. Zu C der Steuererklärung (Nachlaßverbindlichkeiten).

(1) Nachlaßverbindlichkeiten sind mit dem Nennbetrag am Todestage zu bewerten, sofern nicht besondere Umstände einen höheren oder geringeren Wert begründen. Umrechnung in Goldmark s. unter V.

(2) Verbindlichkeiten, die auf Reichsmark (Papiermark) lauten und bis zum Todestage weder durch Vereinbarung noch durch rechtskräftige Entscheidung aufgewertet worden sind, sind mit ihrem auf den Todestag in Goldmark umgerechneten (s. unter V) Papiermarknennbetrag anzusetzen.

(3) Nachlaßverbindlichkeiten der in Abschnitt C unter 3 bis 5 genannten Art, die auf Papiermark lauten, sind nicht auf den Todestag, sondern auf den Tag der Bezahlung in Goldmark umzurechnen (s. unter V).

(4) Für die Bewertung von Renten und anderen wiederkehrenden Leistungen findet III e entsprechende Anwendung.

(5) Verbindlichkeiten aus Vermächtnissen, Pflichtteilsrechten und Auflagen sind im Abschnitt C nicht anzusetzen.

V. Umrechnung in Goldmark.

(1) Da das Vermögen des Erblassers in Goldmark zu bewerten ist, sind die einzelnen Nachlaßgegenstände in Goldmark anzusetzen. Ist ein für die Bewertung maßgebender Preis oder Wert in Papiermark oder in einer sonstigen nicht auf Goldmark lautenden Rechnungseinheit ausgedrückt, so ist er in Goldmark umzurechnen.

(2) Bei der Umrechnung von **Papiermark** in Goldmark ist, sofern der Todestag in die Zeit vom 1. Juli bis zum 31. August 1923 fällt, der laufende Kurs (Mittelkurs) des Dollars an der Berliner Börse, sofern der Todestag in die Zeit vom 1. September bis zum 19. November 1923 fällt, der Goldumrechnungssatz für Reichssteuern zugrunde zu legen und sofern der Todestag

in die Zeit nach dem 19. November 1923 fällt, eine Billion Papiermark dem Werte einer Goldmark gleichzusetzen. In den Fällen unter IV Abs. 3 tritt an die Stelle des Todestags der Tag der Bezahlung der Schuld.

(3) Bei der Umrechnung von **Rentenmark** in Goldmark ist eine Rentenmark dem Wert einer Goldmark gleichzusetzen.

(4) Für die Umrechnung **ausländischer Rechnungseinheiten** in Goldmark ist der laufende Kurs (Mittelkurs) für Auszahlungen am Todestag maßgebend. Werden ausländische Zahlungsmittel in Deutschland amtlich nicht gehandelt, so ist der im freien Handel in Berlin gezahlte Preis zugrunde zu legen. Ist ein solcher nicht zu ermitteln, so ist der Preis an dem Markte zugrunde zu legen, der für den freien Handel in diesem Zahlungsmittel vorzugsweise in Betracht kommt.

Sachregister.

(Die Zahlen verweisen auf die Seiten.)

Druck von Otto Walter in Berlin S 14.

FSC
www.fsc.org
MIX
Papier | Fördert gute Waldnutzung
FSC® C083411

Kolibri 360 GmbH
Ferdinand-Jühlke-Straße 7
99095 Erfurt, Deutschland
produktsicherheit@kolibri360.de